유재석처럼 말하고 강호동처럼 행동하라

유재석처럼 말하고

예능MC에게 배우는 유쾌한 리더십

강호동처럼

행동하라

서병기 지음

두리미디어
DURIMEDIA

최고가 된 자들이 걸어온 최선의 방식

주철환 OBS 경인 방송 사장, 전 이화여대 교수

주말에 텔레비전을 틀면 짜증부터 난다는 사람이 적지 않지만 여전히 텔레비전은 시청자의 마음을 뺏기 위해 '무한 도전' 중이다.

"쟤들이 뭐한다고 저렇게 돈을 많이 벌지?"

강호동, 유재석, 신동엽, 박명수 등 방송 오락 프로그램을 종횡무진하는 이들의 수입이 인터넷을 통해 알려질 때마다 나는 종종 이런 질문을 받는다.

그럴 때마다 나는 되묻는다.

"너는 일주일 동안 살면서 몇 명이나 즐겁게 해 주었니?"

한 사람 즐겁게 해 줄 때마다 시간당 10원을 받는다고 치면 100만 명을 즐겁게 해 준 사람은 1,000만 원을 받을 만한 가치가 있지 않을까? 하지만 그렇게 말해도 돌아오는 건 썩 유쾌한 수긍이 아니다.

예능 엠시는 웃기는 사람들이자 한편으로 대단한 사람들이다. 배우는 작가가 써 준 대로 연기를 하면 되지만 예능 프로그램의 주인공은 주어진 상황 속에서 스스로 작가 겸 배우 겸 리더가 되어야 한다. 상대방 캐릭터를 용의주도하게 파악해야 하고, 각자의 독특한 스타일을 존중하거나 무시해야 한다. 어쨌든 자기만의 개성으로 수많은 사람들의 호응을 이끌어 내야 살아남는 게 작금의 예능 세상이다.

이따금 텔레비전에서 연예인들 학교 다닐 때 생활기록부를 보게 되는데 학업성적과 성공은 별 관계가 없다는 걸 대번에 알 수 있다. 그렇다고 그들의 성취가 매니저의 발품이나 행운의 조력만은 아니다. 결과론이지만 대체로 그들은 칠판이 있는 교실에서는 좋았을지 모르지만 긴장감 넘치는 삶의 운동장에서는 야심차게 깨어 있었음을 알 수 있다.

오락 프로가 인생의 교과서가 되기는 어렵지만 문제집이나 참고서는 될 만하다. 이 책의 특징이자 장점은 등장인물의 친근함과 사례 분석의 구체성이다. 매일 텔레비전에서 만나는 얼굴들의 성장, 성공 포인트를 콕콕 집어서 차분히 정리해 준다. 얼핏 보면 놀이터 같지만 실상 연예계, 방송계는 상상을 뛰어넘는 처절한 싸움터다. 필자는 20년 이상 대중문화 중심을 누빈 '종군 기자' 답게 전투에서 살아남은 자들의 전략과 전술을 지도 그리듯 꼼꼼하게 기록했다.

어느 분야건 최선을 다한다고 최고가 되지는 않는다. 최고가 되었다고 최후까지 살아남는다는 법도 없다. 따라서 이 책은 일정 기간 최고가 된 자들이 추구한 최선의 방식을 조심스레 제시할 뿐이다. 고마운 건 가혹한 경쟁에서 비교적 오래 살아남는 법을 은밀히 배울 수 있다는 점이다. 연예인 이야기를 전하는 듯하면서 실은 경영학, 철학, 사학, 심리학에서 가르쳐 주지 못한 내용을 오밀조밀 채워 넣고 있는 점도 가상하다.

지하철에서 눈치 안 보며 일독하면 21세기형 삼국지를 섭렵한 느낌이 들지 모른다. 이름만 바뀌었을 뿐 유비, 관우, 장비, 제갈공명, 조조 등 웬만한 영웅들이 한 권의 책 안에 다 들어 있기 때문이다.

누가 최후의 영웅이 되고 누가 권좌에서 오래 살아남을 것인가. 총알 없는 싸움은 오늘도 계속되는 중이다.

사람의 마음을 움직이는 기술

김정운 명지대학교 대학원 여가경영학과 교수

몇 해 전, 미국에서 열린 한 학회에 참석한 적이 있다. 그런데 학회의 개회를 알리는 강연 발표자는 위대한 학자가 아니었다. 텔레비전 프로그램의 유명 코미디언이었다. 이 코미디언의 이야기를 듣고자 수많은 대학 교수와 학자들이 강당으로 모여들었다. 우리나라와는 사뭇 다른 분위기다.

우리는 최근까지도 예술의 전당에 대중 가수가 설 수 있느냐, 없느냐로 옥신각신했다. 우아함과 품위는 대중문화와 가까워서도 안 되고 그럴 수도 없다는 편견을 뛰어넘기가 이토록 힘들다. 그러나 대중 가수나 탤런트, 개그맨의 한마디가 국제 학술지에 논문을 싣는 명교수 강연보다 훨씬 큰 영향을 미치는 게 요즘의 현실이다. 이건 일시적인 현상이 아니다.

마르크스는 존재가 의식을 규정한다고 했지만, 21세기는 다르다. 매체가 의식을 규정한다. 우리는 디지털 카메라 렌즈를 통해 세상을 본다. 휴대폰 액정 화면을 보며 세상과 소통한다. MP3 플레이어를 통해 세상의 소리를 듣는다. 인터넷 창을 통해 세상을 내다본다. PC의 운영 체계가 윈도즈인 까닭은 바로 이 때문이다. 그리고 이러한 매체를 채우는 대중문화의 내용은 스타들에 의해 제공된다.

스타들은 끊임없이 스토리를 제공한다. 만약 스토리를 제공하길 거부하면 대중들은 스타에 관한 이야기를 직접 생산해 낸다. '나훈아 괴담' 같이 말이다.

인터넷과 같은 다양한 매체를 통해 재생산되는 21세기 대중문화는 상호 작용적이다. 이전까지만 해도 대중 매체는 일방적이었다. 소비자들은 그저 수동적으로 내용만 전달받으면 됐다. 자신의 의사를 전달하는 유일한 수단은 텔레비전 채널을 돌리는 것뿐이었다. 그러나 이제는 다르다. 소비자들은 더 이상 단순히 소비만 하지 않는다. 그들은 생산과정에도 적극적으로 참여한다. 그래서 두뇌 회전이 빠른 미국의 한 경영학자는 이들을 '프로슈머prosumer' 라고 부른다. 생산자producer와 소비자consumer의 합성어인 이 용어는, 이전의 개념으로는 설명할 수 없는 새로운 문화 현상을 지칭한다.

방송국 피디는 방송이 끝나면 제일 먼저 시청자 게시판을 살펴본다. 소심한 피디는 아예 시청자 반응을 실시간으로 지켜보며 방송을 조율한다. 피디들이 가장 두려워하는 것은 시청자 댓글이다. 이제 시청자의 댓글은 방송 흐름을 바꿔 놓기도 한다. 이러한 상호 작용적 대중문화 생산과정에서 살아남아 지속적으로 영향을 미치려면 남들과 다른 특별한 능력이 있어야 한다.

바로 이점에서 대중문화의 흐름을 주도하는 유재석, 강호동 같은 스타 군단에게 배워야 할 점이 있는 것이다.

21세기는 '리더십의 위기'로 설명할 수 있다. 사람은 더 이상 돈만으로 움직이지 않기 때문이다. 권력으로는 더더욱 아니다. 사정이 그렇다 보니 리더십에 관한 수많은 이론들이 쏟아진다. 20세기와는 다른 21세기형 리더십의 대안을 모색하려는 것이다. 이제 리더가 될 수 있느냐 없느냐는 다른 사람의 마음을 움직일 수 있느냐 없느냐의 문제다. 그래서 예능 프로그램 엠시들을 주의 깊게 살펴볼 필요가 있는 것이다.

불특정 다수를 대상으로 하는 예능 프로그램을 이끌어 가는 엠시들은 대중의 마음을 움직이는 능력이 탁월한 사람들이다. 더욱 흥미로운 점은 각 엠시들의 특징이나 능력이 제각기 다르다는 것이다. 이들의 재능을 단순히 바라보는 것이 아니라, 새로운 개념들로 분석해 보는 것은 리더십의 새로운 영역이 될 것이다.

커 봐야 수만 명, 작으면 수십 명에 불과한 회사를 성공적으로 일군 CEO의 리더십에는 그렇게 열광하면서, 왜 지금껏 수천만 대중의 마음을 사로잡은 스타들을 리더십의 관점에서 살펴볼 생각은 못했던 걸까? 더구나 사람의 마음을 움직이는 기술이 21세기 핵심 범주라면 더더욱 그렇다.

예능 엠시의 독특한 능력을 리더십의 카테고리로 읽어 내는 서병기 기자의 시도는 그런 의미에서 아주 신선하고 흥미롭다.

나 역시 주말마다 유재석, 이경규, 강호동이 출연하는 프로그램을 보며 웃지만 이들의 능력을 리더십으로 해석할 생각은 미처 못했다.

사실 포털 사이트에 오르내리는 연예인 관련 기사는 대부분이 허섭하다. '낚시질' 이라 불러도 좋을 만큼 자극적인 제목에 나도 모르게 기사를 클릭한 적이 한두 번이 아니다. 그러나 가끔 문화론적으로 영양가 있는 해석이 담긴 기사를 읽게 될 때도 있다. 그런 기사를 읽고 나면 아주 즐거워진다. 그때마다 기사 작성자를 살펴보면 〈헤럴드경제〉의 서병기 기자인 경우가 많았다.

그가 발로 뛰며 인터뷰한 결과가 한 권의 책으로 만들어졌다. 이 책은 그저 텔레비전을 보고 받은 인상을 저자 입맛에 따라 분석한 대중문화 관련 책과는 질적으로 다르다. 특히 우리가 막연하고 흥미롭게만 생각했던 예능 엠시들의 능력을 리더십 이론에 접목해 풀어내는 분석력이 예사롭지 않다. 또한 대중문화를 리더십의 관점에서 바라보니, 남의 마음을 움직이는 힘에 대해 자연스럽게 통찰을 얻게 된다.

바라보는 것만으로도 즐거운 예능 프로그램의 주인공들과 그들의 숨겨진 힘에 대해 알아 가는 재미 또한 쏠쏠하다. 오랜만에 읽어 보는 즐거운 책이다.

FOREWORD ● ● ●

예능 엠시에게 배우는 인기 비결

　텔레비전만 켜면 하루에도 몇 번씩 얼굴을 보게 되는 사람들이 있다. 이른바 예능 엠시다. 강호동, 유재석, 신동엽, 이경규, 임성훈, 박명수, 김제동, 남희석, 박미선, 박경림, 신봉선…. 오랫동안 대중문화에 관해 글을 쓰고 취재를 해 오면서 많은 예능 엠시들을 만났는데, 그들은 모두 자신을 부각시키기 위해 치열하게 노력하고 있었다.

　예능 엠시라 하면 적당히 자신의 소임만 잘하면 되는 것 같지만 그리 간단히 말할 문제가 아니다. 어떤 분야든 비즈니스 세계에서 '적당히'는 통하지 않는다. 특히 연예 산업은 본질적으로 대중의 사랑과 호응을 기반으로 하는 '애정 산업'이다. 대중의 마음을 사로잡기 위해 시도한 전략이 제대로 먹힌다면 성공 가도를 달리겠지만, 방향을 잘못 잡으면 오히려 한순간에 추락하는 곳이 연예계다. 부침이 심해 어제의 성공이 내일의 성공을 보장해 주지도 않는다. 그래서 예능 엠시들의 인기는 지금도 넘실대는 파도처럼 끊임없이 엎치락뒤치락한다. 이경규, 신동엽, 박경림, 신봉선, 박미선의 1년 전 인기와 지금의 상황은 제법 차이가 있다. 예능 엠시로서 정상의 자리에 오른 유재석과 강호동이 그 위치를 유지하려면 그만큼 노력해야 한다.

그런 점에서 오랫동안 대중의 지지와 사랑을 받으며 성공과 명예를 동시에 얻은 예능 엠시들은 주목할 가치가 충분하다.

예능 엠시들이 대중의 마음을 사로잡기 위해 어떤 노력을 기울이고, 어떤 전략을 짜는지 살펴보는 일은 대중문화 기자로서 필자의 오랜 관심사였다. 이 책은 그 첫 번째 결실이다.

개성과 생각이 다양한 수천만 대중의 마음을 움직여 소통을 이뤄 내는 엠시들은 분명 남다른 능력과 기술, 특징을 지녔다. 사람의 마음을 움직일 수 있는 능력을 지녔다는 점은 그 자체로도 하나의 훌륭한 리더십을 지녔다고 볼 수 있다.

현재 서점가에 쏟아져 나오는 자기 계발, 리더십 이론서들은 주로 조직 생활에 초점이 맞춰져 있다. 따라서 프리랜서처럼 개인 단위로 활동하는 연예인들에게서 비즈니스에 딱 맞아떨어지는 리더십을 뽑아낸다는 것은 상당히 까다로운 작업이다.

하지만 관점을 달리해 보면 이들 역시 일반 직장인들과 크게 다르지 않다. 소속사, 방송사와 관계를 맺고 그 안에서 다양한 사람과 어울려 함께 일해야 한다. 지켜야 할 규범도 있고 성과도 내야 한다. 어느 신인 여가수는 한 인터뷰에서 대다수 직장인들이 윗사람과 아랫사람에게 치여 힘들게 일하듯, 연예인들 역시 대중을 상대로 힘들게 일하는 직장인이라고 말했다. 자신 스스로 이미지를 연출하고 전략을 생산한다는 점에서는 오히려 회사의 CEO와도 견줄 만하다.

이 책은 스타 엠시들의 인기 비결을 토대로 그들만의 차별화 전략과, 그 전략에서 연상하거나 유추할 수 있는 리더십을 다뤘다. 하지만 건강부회식으로 애써 끼워 맞추거나 교과서에 적힌 딱딱한 이론과 원칙을 제시하지는 않았다. 그렇다고 이 책이 단순히 예능계 모습만을 담은 것은 아니다. 예능 엠시들과 그들이 소비되는 지점을 사회학, 심리학, 미학, 경영학 등의 관점에서 분석하려고 노력했다.

수천만 대중을 상대로 자기 전략을 강화해 나가는 예능 엠시들. 그들의 인기 비결과 성공 법칙을 참고해 학교에서, 직장에서, 모임에서 호감을 얻고 유쾌한 리더십을 발휘하는 데 하나의 힌트를 얻을 수 있다면, 필자는 더 이상 바랄 게 없다.

예능 엠시들은 사람이 둘 이상만 모이는 사석에서도 모임의 분위기를 이끌어 나가는 데 탁월한 능력을 발휘한다. 대중들의 변화에 민감하고 재빠르게 반응해야 하는 직업 세계에서 일해

온 덕분일 것이다.

　성공한 예능 엠시들의 전술과 전략은 제각각이지만 이들에게는 한 가지 공통점을 찾을 수 있다. 바로 신비주의 전략으로 대중 위에서 군림하는 수직적 관계를 일찌감치 버리고, 인간적인 모습으로 대중과 동화되는 수평적 관계를 가꿔 왔다는 것이다. 이들이 보여 준 수평적 리더십은, 통합적인 리더십 구축이 절실한 요즘, 꼭 배워 볼 만한 자질이다. 국가 경영은 물론이고 기업 문화에 이식해도 괜찮을 것 같다.

　마지막으로 이 책을 쓰는 동안 도움을 준 사람들에게 감사를 표하고 싶다. 항상 즐겁게 일할 수 있도록 도와주는 아내이자 친구인 서영과 젊은 세대의 마음을 읽게 해 주는 고3 아들 준호, 평소 예능 엠시에 관한 다양한 생각거리를 보내 준 김문희 씨, 기꺼이 옥고를 써 준 문화 칼럼니스트 정덕현 씨, 그리고 두리미디어 출판사 관계자들에게도 고마움을 전하고 싶다.

2008년 7월 이촌동 서재에서
서병기

CONTENTS

01

예능 엠시를 보면 리더십이 보인다

자기 일에서 성공하거나 인생에서 성공한 사람들의 한 가지 공통점은 사람의 마음을 움직이는 기술이 탁월하다는 것이다. 21세기, 성공을 쥐는 열쇠는 사람의 마음을 움직일 수 있느냐 없느냐에 달려 있다. 그런 점에서 불특정 다수를 대상으로 큰 인기를 얻는 예능 엠시들은 대중의 마음을 움직이는 능력이 뛰어난 사람들이다. 우리가 예능 엠시들을 주목해야 하는 이유가 여기에 있다.

대중의 마음 읽기에 성공한 사람들

자신만의 매력을 발산하라

몇 년 전만 해도 예능 엠시를 두고 리더십을 논한다는 게 말이 안 됐다. 과거엔 리더십이라 하면 카리스마 있고 권위 있는 사람들이 연상되었기 때문이었다. 하지만 요즘 리더십은 유머 감각이 있고 친근한 이미지의 사람들, 그러니까 대중에게 웃음을 주면서 호감을 만들어 내는 예능 엠시들에게서 찾을 수 있다.

직장인이건 학생이건 사람들은 누구나 자신이 속한 조직의 구성원들로부터 인기를 얻고 싶어 한다. 하지만 이는 그리 쉬운 일이 아니다. 능력이 뛰어나도 사람들에게 인기 없는 사람이 있고 큰 능력은 없지만 사람들의 관심을 끌면서 잘 살아가는 사람도 있다.

연예인도 마찬가지다. 잘나지 않아도 사람들로부터 호감을 얻는 연예인이 있는 반면 어떤 말과 행동을 해도 '안티'를 몰고 다니는 연예인이 있다. 이처럼 타인의 마음을 얻는 것은 결코 쉬운 일이 아니다.

사실 변화무쌍한 대중의 마음을 잘 읽고 호감을 얻는 연예인은 그 자체만으로도 리더의 소양을 지녔다고 볼 수 있다. 특히 예능 프로그램은 우리나라에서 가장 빠른 속도로 진화하고 있고, 프로그램의 성패를 좌우하는 예능 엠시들은 어느 분야 종사자 부럽지 않게 막강한 권력으로 부상했다. SBS가 지난 연말 창사 17년 만에 처음으로 〈방송연예대상〉을 신설한 것은 예능 프로그램이 양과 질에서 큰 발전을 이루고 있다는 사실을 보여 준다.

이제 잘나가는 예능 엠시들의 진행 방식을 보면 요즘 요구되는 리더십이 무엇이며, 사람들에게 관심과 인기를 끌려면 어떻게 해야 하는지 단서를 얻을 수 있다.

예능물의 트렌드는 사회상을 반영한다. 요즘 유행하는 리얼버라이어티의 가장 큰 특징은 메인 엠시와 게스트의 구분이 희미하다는 것이다. 메인 엠시라 해도 상황을 정리하다가 이내 출연자들과 지질하게 놀 줄 알아야 한다. 〈무한 도전〉의 유재석과 〈1박 2일〉의 강호동은 메인 엠시지만 자연스럽게 출연자들과 같은 수준으로 어울린다. 이는 대중의 생활에도 중요한 지침으로 활용할 수 있다.

메인 엠시 1~2명이 프로그램을 진행하던 과거 방식과 달리 6~8명이 떼를 지어 이끌어 나가는 요즘 버라이어티 체제에서, 예능 엠시는 학교로 치면 반장일 수 있고 또래 집단에서는 리더, 직장에서는 팀장에 해당된다.

과거 반장은 담임선생님의 전권을 위임받아 반 학생들을 통솔했다. 학생들보다 약간 높은 위치에서 지시 사항을 점검했다. 그리고 자신은 반 학생들과는 다른 길을 걸었다. 요즘은 반장을 그런 식으로 하다가는 '왕따' 당하기 십상이다.

회사의 팀장도 마찬가지다. 과거 팀장들은 팀원보다 한 단계 높은 위치에서 지시를 내리기만 했지만 이제는 팀원과 같은 눈높이에서 말을 주고받아야 한다.

이렇게 세태가 바뀐 것은 말하는 사람과 듣는 사람의 구분이 없어졌기 때문이다. 과거에는 말하는 사람이 남의 말을 듣는다는 게 쉽지 않았다. 또 듣기만 했던 사람은 말, 즉 자기 표현을 한다는 게 고역이었다. 하지만 지금은 휴대폰과 미니홈피, 블로그, 리플 등으로 저마다 자신을 표현할 수 있는 수단이 생겼다. 이제 회사에서 팀장이 자신의 주장만 내세우면, 그 순간 팀원들은 서로 메신저를 연결해 놓고 팀장을 씹고 있는 상황을 연출할지 모른다.

버라이어티 예능물의 환경은 이런 현실과 닮아 있다. 그래서 1인자 메인 엠시 체제보다 다수의 2인자 체제가 대중에게 더 어필하는 측면이 있다. 남의 얘기를 듣기보다 자기 얘기에 주력하는 현대 사회에서 시청자들과 소통하기 위해서는 개그도 이러한 환경 변화에 적응해야 한다. 유재석처럼 아예 '겸손 개그'로 가든지, 박명수처럼 '호통 개그'로 가든지 자기만의 색깔을 분명하게 가져야 한다.

아예 독설과 막말을 구사함으로써 시청자에게 불쾌감과 함께 통쾌함을 주는 김구라가 뜬 이유도 사회상과 관련이 있다. 김구라는 비호감적 요소를 많이 가지고 있음에도 그의 독설과 막말은 규격화된 말, 제도권의 언어 구사에서 별 흥미를 느끼지 못하는 시청자에게 대리 만족을 선사했다. 김구라는 'Number 1'이 아닌 'Only 1'의 전략으로 자신의 존재를 부각시키고 있는 것이다. 베스트가 아니라도 남이 하지 않는 것을 계발해 시대를 만나면 주목받을 수 있다는 사실은 일반인에게도 시사하는 바가 크다.

이런 방식들을 구사할 수 없다면 남의 말을 잘 들어주고 웃어 주고 한마디 거들어만 줘도 좋다. 최근 들어 예능 프로그램에서 갑자기 부상한 박미선은 특별한 개인기는 없지만 잘 웃어 주고 들어주는 게 인기 요인이다. 버라이어티에서 중요한 요소인 리액션과 피드백은 사회생활, 인간관계에도 마찬가지로 중요하다.

인기를 얻는 예능 엠시에게는 다 그럴 만한 이유가 있다. 학교와 직장에서, 또는 친구 사이에서 매력을 발산하고 호감을 얻고 싶다면 예능 엠시들의 스타일을 한번 눈여겨보자.

리얼 버라이어티 쇼가 인기 있는 진짜 이유

요즘 예능 프로그램의 특징은 리얼 버라이어티의 강세로 요약할 수 있다. 인공적인 것보다 리얼하고 자연스러운 것을 요구하는 시청자들의 정서를 따른 것이다.

〈X맨〉〈야심만만〉 등 과거 오락물들은 연예인끼리 사담을 늘어놓거나, 정해진 각본에 따라 게임을 하거나, 아니면 남녀 연예인들이 짝짓기를 하면서 춤과 노래 등 개인기를 선보였다.

여기서는 프로그램을 얼마나 잘 짜느냐가 성패를 좌우했다. 형식과 구성에 치우치다 보니 예측할 수 없는 상황에서 터지는 유머가 원천 봉쇄돼 있었다.

80년대 일요일 아침, 스타들이 총출동했던 MBC 〈명랑 운동회〉는 구성만으로 장수할 수 있었다. 스타들은 이미 짜인 각본에 나와 있는 게임 규칙을 그대로 따라하기만 하면 됐다. 이제 오락 프로그램은 구성만으로 끌고 갈 수 없다. 오히려 출연자들의 특성을 무시한 채 형식적인 시스템에 몰입하게 되면 금세 식상함을 느끼는 게 요즘 시청자들의 생리다.

〈무한 도전〉이 성공할 수 있었던 것은 바로 이런 형식을 파괴했기 때문이다. 〈무한 도전〉은 형식을 고정시키지 않은 채 상황만 던져 놓고 출연자들이 알아서 하라는 식이다. 무개념, 무형식을 고수하며 카메라를 계속 켜 놓고 있다가 재밌는 상황만을 추린다.

처음에는 "이거 정말 무모한 거 아니야."라며 생뚱맞은 반응을 보이던 시청자들도 6명의 남자 캐릭터가 분명하게 구축되면서부터 열광적인 지지자로 변해 갔다. 패션모델 대회, 강변북로 가요제, 댄스 스포츠 대회 출전 등은 큰 인기를 모았고 감동까지 남겼다.

하지만 형식은 없어도 6명의 남자 캐릭터만은 분명히 잡혀 있다. '엠시유' 유재석, '하찮은 형' 박명수, '식신食神' 정준하, '어색한 형돈' 정형돈, '석사 꼬마' 하하, '돌+아이' 노홍철. 약간 모자라고 불쌍해 보이는 이들은 다소 심한 말을 해도, 또 무리한 행동을 해도 용서가 된다.

형식이 없다는 점은 바꿔 말하면 모든 것을 시도할 수 있다는 얘기다. 타 방송 오락물들도 리얼 버라이어티를 하나의 추세로 받아들였다. 1인 토크 쇼를 포기하고 〈무한 도전〉 같은 리얼리티 쇼 예능 프로그램을 대거 선보인 것이다. 여섯 남자의 야생 버라이어티 〈1박 2일〉과 연예인 커플들의 가상 결혼 일기 〈우리 결혼했어요〉 등 최근 히트한 프로그램도 상황만 부여해 주면 출연자들이 알아서 해결하는 리얼 버라이어티 형식이다.

캐릭터는 요즘 예능물의 총 자산이라 할 수 있을 정도로 무척 중요하다. 〈1박 2일〉에서 강호동이 〈무릎팍 도사〉를 패러디한 게 먹힌 것도 이미 구축된 캐릭터 덕분이다. 한 번 만들어진 캐릭터는 방송을 넘나들면서 소비되는 것이다. 그래서 요즘 예능물을 '캐릭터라이즈드 쇼Characterized Show'라고까지 부른다.

〈1박 2일〉에서 강호동의 '맏형' 이미지는 진가를 발휘한다. 덩치가 산만 한 형이 번번이 동생들에게 당해도 재미없고 동생들을 괴롭히기만 해도 식상한데, 강호동은 동생에게 질 때는 져 주고 이길 때는 이기는 등 페이스 조절을 절묘하게 해낸다. 은지원은 철없는 '은초딩', 누나들의 로망인 이승기는 '허당'으로 인기다. 〈1박 2일〉에 동행하는 순하게 생긴 큰 개 상근이도 하나의 훌륭한 캐릭터다. 덩치는 크지만 착하게 생긴 모습에서 푸근함이 느껴진다.

최근 막을 내린 〈라인 업〉은 대결 구도만 정해 놓으면 어떤 식으로든 웃기면 되는 생존 버라이어티다. 〈해피 투게더〉의

'도전 암기송' 코너는 생활 속 유용한 정보를 노래로 배워 보는 콘셉트이지만 옆 사람들의 방해 공작 등 예기치 못하는 상황들이 웃음을 만들어 내는 리얼 버라이어티다. 〈불후의 명곡〉은 음악과 리얼리티 쇼가 결합된 음악 버라이어티다. 이제 리얼 버라이어티는 예능물의 대세가 됐다.

오락 프로그램에서 만들어진 캐릭터는 불변하는 게 아니다. 조금씩 진화한다. 하지만 억지로 캐릭터 이미지를 바꿔서는 안 된다. 가령 박명수의 호통 개그가 식상해졌다고 해서 억지로 다른 성격을 첨가하면 안 된다는 얘기다. 캐릭터가 진화하려면 계기가 있어야 한다. 하하의 '롤링 페이퍼'는 '어색한 형돈'이라는 이미지를 형성시키는 계기로 작용했고, 버릇없고 단정하지 못하다는 얘기를 들어온 노홍철은 멤버들의 집 방문으로 자연스럽게 깔끔한 이미지를 얻을 수 있었다.

한편, 예능 프로그램 캐릭터들의 이미지는 대부분 허점을 지니고 있다. 이들이 흠 없고 모두 장점만 지니고 있다면 무슨 재미로 봐 주겠는가?

정형돈은 개그맨인데 웃기지 않고, 하하는 멤버들 중에서는 잘생겼는데 키가 작다. 이렇게 상반된 이미지는 현실성을 획득하고 공감을 불러일으켜 대중의 애정을 얻을 수 있다. 실제로 친구나 주위 사람에게 얘기할 때 "너는 다 좋은데 한 가지 문제가 있어."라는 말을 종종 하지 않는가? 2퍼센트 부족한 캐릭터이기 때문에 충분히 현실성이 있는 것이다.

리얼 버라이어티 오락물의 유행은 대중들의 정서와도 관련이 있다. 바로 1인이 주도권을 쥐는 시스템에 대한 거부감이다. 방송에서도 이승연, 김혜수 등이 이름을 달고 등장한 1인 토크 쇼는 이제 먹히지 않는다. 앞에서 얘기했듯 과거에는 말하는 사람과 들어주는 사람의 구분이 분명해 말하는 사람의 권력이 형성됐다. 〈서세원의 토크박스〉만 해도 서세원은 게스트들을 자유자재로 요리하며 인기를 구가하고 있었다. 하지만 이것이 지나쳐 엠시의 권력화를 보였으며, '독재자형 엠시'라는 좋지 않은 별칭도 얻게 됐다.

이제는 듣기만 하는 사람은 없다. 모두 말을 하려고 한다. 이런 환경에서는 예능물도 1인 토크 쇼에 능한 신동엽보다 여러 사람이 함께 참여할 수 있는, 버라이어티의 강자 유재석이나 강호동이 더 잘 부각될 수 있다. 그리고 이것은 비단 예능 프로그램에만 해당되는 얘기가 아니다. 일반인들도 사람들 사이에서 인기를 끌기 위해서는 유재석의 배려형 스타일이나 강호동의 솔선수범 스타일을 참고해 보자. 분명 도움이 될 것이다.

수평적 인맥, 라인이 부상한다!

나와 호흡이 잘 맞는 사람은 누구?

리얼 버라이어티 체제에서는 '라인'이 중요한 요소로 떠올랐다. '규 라인(이경규)', '유 라인(유재석)', '용 라인(김용만)', 심지어 〈미녀들의 수다〉에서도 '에 라인(에바)', '루 라인(루베이다)', '독립 라인(따루, 허이령)'이 가동됐었다. '규 라인'과 '용 라인' 멤버들 간에 대결을 벌여 웃기지 못하는 사람을 한 명씩 탈락시키는 〈라인 업〉은 바로 이 라인을 웃음의 코드로 내세운 프로그램이었다.

최근에는 유재석-박명수 라인과 강호동-이경규 라인, 이휘재-탁재훈 라인 등 콤비네이션 체제가 두드러지고 있다. 이중에서는 '유박 라인'이 호응이 좋다. 신봉선의 비중이 갑자기

커진 이유는 박경림이 말하는 '림 라인'으로 인정받아서가 아니라, 여성 예능 출연자로서 유일하게 '유박 라인'에 합류했기 때문이다.

유재석은 과거 강호동과 함께 프로그램을 진행하면서 강호동의 장난형 대사를 받아들이는 겸손 개그를 소화해 냈고, 이어 〈무한 도전〉에서는 박명수의 호통 개그가 뿌리내릴 수 있도록 마당을 깔아 주는 역할을 맡았다. 박명수도 2인자로 자리매김하며 은연중 받아 주는 개그에 돌입했다. 그 대표적인 예가 〈해피 투게더〉에서 신봉선의 '오버'를 박명수가 소화해 낸다는 점이다.

예능물에 정착하는 데 이경규의 도움을 받은 강호동은 〈1박 2일〉에서 다양한 캐릭터의 동생들을 이끌고 존재의 의미를 부각시켜 주는 디딤돌 역할을 해 간다. 이수근, 은지원 등 후배들이 기댈 수 있는 언덕이 돼 주고 있는 것이다.

반면 이휘재-탁재훈의 라인에는 특별히 빛을 발할 수 있는 동료나 후배 캐릭터가 나오기 힘들다. 자신들이 설 수 있는 환경을 만들기 위해 콤비네이션을 만든 측면이 강하기 때문이다. 이경규와 이경규 라인에서 분가한 김용만은 후배가 클 수 있는 자립 계기만 만들어 주고 그 다음에는 방치하는 스타일이다. 반면 김제동과 지석진은 자기 관리에 역점을 두는 스타일이라 뒷받침 받을 후배를 찾기가 어렵다. 또 특정한 라인에 쏠리지 않으며 2인자를 자처하는 '리베로' 신정환은 어느 라인에 데려다 놔도 적응할 수 있는 생명력을 갖추고 있다.

그렇다면 예능물에서 왜 갑자기 '라인' 이야기가 부상했을까?

몇 가지 이유가 있는데 가장 중요한 요인은 오락 프로그램의 진화에서 찾을 수 있다.

오락물이 버라이어티 체제를 갖추면서 변화된 지는 제법 오래됐다. 하지만 요즘 대중들이 원하는 프로그램 형태는 단순한 버라이어티가 아니라 '리얼 버라이어티' 다.

출연자들이 뭐든지 해야 하는 리얼 버라이어티 체제에서는 서로 대충 알고 지내는 사이라면 기량을 제대로 발휘하기 어렵다. 〈무한 도전〉처럼 찧고 까불며 '생쇼' 를 하기 위해서는 서로 잘 알고 만만한 관계가 형성돼야 한다. 또 상대의 성격이나 특징을 잘 파악하고 있어야 그때그때 웃음의 소재를 다양하게 만들어 낼 수 있다.

물론 처음에는 서먹한 관계라도 프로그램이 진행되면서 팀 호흡이 점차 갖춰지기도 하지만, 프로의 세계에서는 경험상 잘 맞는 관계를 더 선호할 수밖에 없다. 호흡이 잘 맞는 관계의 필요성, 이것이 '라인' 이 생긴 출발점이었다.

과거 예능계의 엠시나 패널들 중에는 콤비로 활동하는 경우가 있었다. 서경석과 이윤석도 명콤비였다. 듀오 콤비는 두 명이 매일 붙어 다닌다. 그러나 버라이어티 체제에서 듀오 콤비는 효용성이 떨어진다. 그러니까 '라인'은 과거 '콤비'의 대체어로서의 의미도 지니고 있다.

하지만 '라인'은 부정적인 의미로 사용되기도 한다. 단어 자체가 주는 배타적인 속성 때문이다. 요즘 예능계의 '라인'은, 줄을 서지 않으면 밥줄이 끊기는 수준까지는 아니지만 사조직, 사단 등 부정적인 형태로 발전할 수도 있어 경계해야 한다. 지상파 3사에서 두세 개씩 예능 프로그램을 진행하는 규라인과 유 라인 멤버들은 '그 얼굴이 그 얼굴'이라는 소리까지 듣고 있다. 이처럼 버라이어티 예능 체제에서의 '라인'은 장점과 단점을 아울러 가지고 있는 것이다. 배타적이고 폐쇄적인 사조직처럼 작동하면 부정적인 영향을 끼칠 것이고, 콤비네이션 플레이처럼 시청자에 대한 '웃음 제조용 업그레이드 전략'으로 활용되면 프로그램을 끌고 가는 힘이 될 수 있다.

사실 직장이나 학교 내에서도 호흡이 잘 맞는 사람이 있게 마련이고, 잠깐 동안 함께 있어도 금방 친해지는 사람들이 있는 것처럼 연예계 역시 '끼리의 문화'가 존재할 수밖에 없다. 호흡이 잘 맞는 '끼리'의 존재는 능률을 배로 올린다.

이경규는 만약 자신이 소속사나 프로덕션을 운영하면서 방송가에 라인을 키운다면 문제가 되겠지만 '규 라인'이 따로 모임을 갖진 않는다고 말한다. 다만 평소 선배로서 독불장군처럼 대접만 받으려 하지 않고, 먼저 후배와 대화를 나누고 편하게 다가가려고 노력한다고 했다. 정형돈 역시 MBC〈상상 원정대〉에 처음 출연해 황량한 벌판에 서 있는 기분이었을 때 이경규 선배가 먼저 다가와 함께 어울리면서 자유롭게 개그를 펼칠 수 있었다고 말했다.

무시할 수 없는 인적 네트워크의 힘

개그 프로그램에서 출중한 능력을 발휘하던 스타 개그맨들도 버라이어티 오락물에 오면 적응하기 힘들다. 개그맨이 오락 엠시로서 뿌리내리기 힘든 지는 제법 오래됐다.

2000년 당시 개그계의 스타 심현섭은 이경규와 함께 KBS〈행복 남녀〉의 공동 엠시로 나섰지만 버라이어티 엠시로 정착하지 못했고, 이경규와 주영훈이 진행하던 KBS〈야! 한밤에〉에 자주 출연했던 김영철도 당시 예능 엠시로 성공하지 못하고 연기자로 나섰다.

개그맨들이 오락물에 약한 것은 요즘 개그가 연기력과 순발력이 부족할 수밖에 없는 '공개 무대'에서 이뤄지기 때문이다. 자신의 대사를 잘 받아쳐 주는 인적 네트워크가 취약한 점도 한 요인이다. 1~2개의 코너를 크게 히트시킨 스타 개그맨이라도 인맥과 관계에 취약할 수밖에 없다.

버라이어티 오락물은 자력으로만 성장할 수 있는 구조가 아니다. "스타 개그맨도 버라이어티에 오면 시골 사람이 처음 서울역에 내린 꼴이 된다."는 한 예능 피디의 말은 이를 잘 보여준다.

최근 몇 년 사이 버라이어티 예능 엠시로 안착한 개그맨은 정형돈과 유세윤, 신봉선 정도다. '관계'와 '인맥'이 중요하게 부각되는 것은 이 때문이다. 박경림이 오락물에서 힘을 발휘하는 것은 여자라는 희소가치보다 재치 있는 입담에 튼튼한 인적 네트워크를 갖췄기 때문이다.

연예 세계에만 적용되는 얘기가 아니다. 우리의 사회생활을 생각해 보라. 직장에서 실력을 쌓는 것만큼 중요한 것이 인맥을 쌓는 것이다. 다른 사람의 도움 없이는 어떤 일도 성공적으로 완수할 수 없다.

1인자가 주름잡는 시대는 지났다

리얼 버라이어티의 또 다른 특징은 메인 엠시와 게스트의 구분이 희미하다는 것이다. 요즘 버라이어티에서 '원 톱one top' 체제를 굳건하게 구축한 사람은 강호동과 유재석 정도밖에 없다. 이들도 메인 엠시 역할을 하다가 이내 출연자들과 같은 수준에서 어울린다. 〈무한 도전〉과 〈1박 2일〉이 이들 엠시를 포함해 6명인 것은 언제라도 3 대 3 배틀이 가능할 수 있도록 하기 위한 것이다.

아예 메인 엠시가 없는 예능 프로그램도 있다. 〈라디오 스타〉는 윤종신, 김구라, 신정환이 서로 메인 엠시를 다투는 게 프로그램의 콘셉트이자 유머의 원천이 돼 버렸다. 이들은 모두 2인자다. 공적인 진행보다 사적인 입담을 보여 줄 수 있는 2인자에 시청자들은 주목했다. 박명수, 신정환, 김구라, 정형돈, 신봉선 등 최근에는 2인자로 대중에게 이름을 알린 개그맨이 유난히 많다.

2인자들은 요즘처럼 엠시와 게스트의 구분이 명백하지 않아 산만하고 질서가 없는 버라이어티 체제 속에서 힘을 발휘한다. 〈무한 도전〉이 주도하는, 이 난장판 같은 흐름에는 진행자가 챙겨 주지 않으면 존재감이 거의 없는 출연자가 생기는 반면 풀어 놓으면 더 잘하는 출연자가 나오는 법이다. 신정환의 경우는 확실히 후자에 속한다. 자유로운 분위기에서 더 빛을 발한다.

문화 평론가 강명석은 언제 잘릴지 모르는 이런 2인자들이 처절한 다툼을 벌이는 체제를 두고 '버라이어티 업계의 비정규직 노동자'라고 표현했다. 2인자의 대거 출연은 공식적인 것보다 비공식적인 것을 선호하는 대중들의 성향이 반영된 것일 수도 있고, 스타의 영향력이 높아지면서 게스트 환경이 변해 엠시들도 이 변화에 따라 진화한 것일 수도 있다.

감동을 요구하는 시대, 감성을 건드려라

한국에서 예능 프로그램을 만든다는 것은 결코 쉬운 일이 아니다. 교양 프로그램을 보는 잣대로 예능물을 보는 사람이 적지 않기 때문이다. 이들은 예능물 제작진이 재미를 위해 욕망에 충실한 내용을 약간만 집어넣어도 선정성, 저질이라는 이름으로 뭇매를 가한다. 그러다 보니 〈느낌표〉처럼 공익적이고 교양을 갖춘 예능물을 만들면 비판을 피해 나갈 수 있었다.

한국에 시집 온 동남아 아내의 부모를 한국으로 초청해 사돈과 만나는 자리를 주선해 주는 〈사돈, 처음 뵙겠습니다〉의 진행자 남희석은 사람들은 모든 개그 프로그램이 〈느낌표〉 같기를 바란다고 말한 적이 있다.

문화 연구자들은 대중오락으로서 텔레비전 오락이 교훈적이어야 할 이유는 없다고 말한다. 또 오락 프로그램은 원리상 유치하고 천박하며 흥미 위주일 수밖에 없다. 따라서 어느 정도의 저속함은 용납돼야 한다.

문화 평론가 김종휘는 "저질이기 때문에 오락 프로그램을 시청하게 되는 것이다…… 문제는 저질이 획일화로 치달을 때"라고 말한다. 전규찬 한국예술종합학교 교수도 "언론과 시민단체들이 예술이나 교양 프로에나 적합한 잣대로 텔레비전 오락을 평가해 부정적 담론을 생산하는 경향이 있다."고 말했다. "대부분의 버라이어티 토크 쇼가 일부 연예인들의 말잔치로만 내용이 채워지고 있다."라거나 "지금 방송은 연예인 중독에 빠져 있다."라는 식의 비판이 그렇다.

그런 사회적 분위기에 영향을 받아 오락 프로그램도 변화하고 있다. 〈라인 업〉은 지난해 연말 2주 연속으로 긴급 프로젝트 '서해안을 살리자' 편을 방송하면서 시청자의 엄청난 호응을 이끌어 냈다. 가해자는 나타나지 않고 피해자들의 눈물과 한숨 소리만 가득한 현장에서, 웃겨야 할 출연자들이 60분 내내 심각한 표정으로 임했는데도 시청률은 올랐고, 방송 이후 많은 사람들이 태안으로 향했다. 시청자에게 큰 감동을 선사한 것이다. 이후로는 멤버들끼리 서로 물어뜯는 분위기를 바꿔 프로그램이 막을 내릴 때까지 선행과 감동을 중시했다.

산사에서 스님의 고민을 들어주고 1천 명분의 팥죽을 만드는 데 도전했고, 강원도 화천 최전방 부대를 방문해 장병들의 군화를 닦아 주고, 암에 걸린 어머니를 그리는 병사의 사연을 듣고 눈물을 흘리기도 했다. 이어 국내 유일의 옥 광석에서 옥 채취에 도전했고, 이른 새벽 205미터 길이의 지하철 선로 청소를 도우며 '열심히 일한 당신이 챔피언입니다!' 라는 주제로 대한민국 곳곳에서 생계를 위해 열심히 땀 흘리는 사람들을 만나 노동의 고귀함과 의미를 전했다.

출연자들의 솔직한 면모가 잘 드러나는 리얼 버라이어티에 인간적이고 감동적인 요소를 자연스럽게 가미하면 시청자들은 더 큰 반응을 보이는 것이다.

따지고 보면 〈무한 도전〉도 감동을 중요한 코드로 삼고 있다. 패션모델 대회, 댄스 스포츠 대회 출전 등은 인기도 인기지만 감동까지 이끌어 냈다. 여섯 남자들은 바나나 하나를 먹기 위해 사투를 벌이는 지질한 모습을 보여 주지만, 3개월간 피나는 연습을 하며 댄스 스포츠 대회를 준비하는 진지함과 열의를 보여 주기도 했다. 출연자들이 대회에서 실수를 했다는 아쉬움과 미안함에 눈물을 흘리자 자기도 모르게 코끝이 찡했다는 시청자들이 많았다.

리얼 버라이어티 프로그램에서 재미를 넘어 감동을 주는 데 대해 시청자들의 호평은 앞으로도 계속 이어질 전망이다.

사실 인간에게 감동은 반드시 필요한 요소다. 그런데 우리는 감동의 문화가 별로 없다. 자신이 최근 감동한 기억이 있었는지, 또 누가 자신에게 감동해 준 기억이 있는지 한번 생각해 보라. 그다지 많지 않을 것이다. 사람들에게 사랑받고, 인기 있는 사람이 되고 싶으면 자주 감동을 주고 감동받을 줄 알아야 한다. 웃겨야 하는 예능 프로그램이 웃음 대신 감동을 선사해도 시청자들이 좋아하는 것을 보면 감동의 효력이 어느 정도인지 충분히 짐작할 수 있을 것이다.

3

무한 도전의 리더십 코드, 협동

무한 도전은 어떻게 사람들 마음을 사로잡았을까?

MBC 〈무한 도전〉은 KBS 〈1박 2일〉과 함께 요즘 예능 프로그램의 대세다. 2년 연속 네티즌이 선정하는 텔레비전 예능물 최고 히트 상품으로 뽑히기도 했다. 최근 시청률이 조금 떨어지면서 '위기설'을 언급하는 매체가 있지만 여전히 예능의 강자로 군림하고 있다. 리얼 버라이어티의 원조라고 불리는 〈무한 도전〉의 아류 프로그램들이 속속 생겨나고 있는 것도 이 때문이다. 출연자들 대사보다 더 재미있다는 평을 듣는 기발한 자막 처리 방식을 일반 오락물들이 따라가고 있고, 자막에 자주 쓰이는 궁서체까지 다른 프로그램의 모방 대상이 되고 있다.

이 때문에 김태호 피디는 자막을 전혀 사용하지 않는 〈무한

도전〉편을 만들어 볼 생각까지 하고 있다. 항상 새롭게 튀어
보자는 발상이다. 김태호 피디의 재치 넘치는 자막은 웬만한
광고 카피라이터 저리 가라 할 정도로 뛰어나, 오락 프로그램
의 과도한 자막은 '공해'가 될 수 있다는 생각까지도 의심하게
만들었다.

　〈무한 도전〉이 방송되는 토요일 밤 당일에는 포털 사이트에
10~20개씩 기사가 오르내린다. 한때, 케이블 채널에서 재방
송만 주당 100회 정도 방영해 어느 채널을 돌려도 〈무한 도전〉
이 방영되지 않는 시간대가 없을 정도였다. 방송이 끝나면 '재
밌었다'와 '식상했다'로 의견이 나뉘어 공방을 벌이고, 멤버
개개인의 선호도에 따라 팬들의 성향이 나뉘는 현상은 마치 아
이돌 가수와 흡사하다. 몇몇 에피소드는 일본의 예능 프로그램
과 비슷하다며 표절 의혹이 있기도 했지만 이 모든 것이 〈무한
도전〉이 인기가 높아 생기는 유명세인 셈이다.

　좋은 팀플레이가 강한 시너지 효과를 만든다

　'대한민국 평균 이하'를 자처하는 이들 남자 6명은 개개인
은 별 볼일 없지만 뭉쳐 놓으면 큰 힘을 발휘한다. 이들은 게스
트가 아니라 멤버로 불린다. 멤버는 매번 바뀌는 게스트와 달

리 고정된 식구 개념이다. 따라서 이들은 날이 갈수록 서로 친해지고 정이 쌓인다. 장점과 단점을 그대로 인정하면서 가까워지는 것이다.

처음에는 목욕탕 물 퍼내기, 놀이 기구에서 립스틱 바르기, 지하철 달리기, 아이스 원정대 등 제목 그대로 달성이 아예 불가능하거나 도전할 가치가 전혀 없는 목표를 설정해 '무모한 도전' 혹은 '무리한 도전' 형 위주로 진행했다. 그 후 캐릭터가 잡혀 가면서 서로 게임과 토크, 장난을 치며 적당히 몸 개그를 보여 주었다. 서로 어색한 관계였던 하하와 정형돈의 '빨리 친해지길 바래'와 '형돈아 놀자', '홍철이 집 기습 방문' 등 여섯 남자들의 실생활을 엿볼 수 있는 코너들은 이런 형태에서 나왔다.

슈퍼 모델 특집, 댄스 스포츠 대회 등은 감동을 줄 만한 도전이었다. '김장 특집'이나 '영어 마을 가다', '나를 찾아 떠나는 인도 여행' 등은 프로그램이 진화를 거듭하면서 〈무한 도전〉만의 특성들이 자연스럽게 섞여 나온 코너들이다.

멤버들끼리 코너를 계속하면 할수록 시너지가 생겼다. 예측이 불가능하다는 리얼 버라이어티의 특성에 멤버들이 보통 사람들보다 덜떨어진 행동을 한다는 점은 대중에게 묘한 쾌감을 선사했다. 장난치며 서로를 비난하더라도 누구보다 서로를 잘 챙겨 주는 모습에서 시청자들의 큰 지지를 받았다.

〈중앙일보〉양성희 기자는 "무한 도전이 주는 가장 큰 교훈은 협동적 팀플레이와 합리적 리더십에 있다. 오락 프로그램의 집단 엠시 체제는 새로울 것이 없지만 '무한 도전'은 팀플레이의 모범을 보였다. 철저하게 역할을 분담했고 캐릭터나 웃음 유발 방식도 상호 의존적이었다."라고 말했다.

이어 양 기자는 "박명수를 데뷔 14년 만에 인기 정상에 올려놓은 호통 개그도 상대가 있어야만 가능한 리액션 개그였다. 거기에는 군림하지 않는 메인 엠시 유재석이 한몫했다. 그는 멤버들이 이판사판 치고 받으면, 그 무한 공방을 조율해낸다. 자기를 앞세우기보다 타인의 장점을 끌어내고, 멤버 간 갈등을 촉발하면서도 봉합하는 리더십이다. 이런 조율자로서의 리더십과 협동적 팀플레이가 평균 이하를 자처하는 지질한 캐릭터들이 모인 '무한 도전'의 성공 비결이다. 한국 사회가 귀 기울일 만한 교훈이다."라고 〈무한 도전〉의 리더십을 설명했다.

엘리트들이 모인 집단이 큰 능력을 발휘하는 것은 어떤 의미에서는 당연하다. 하지만 실제로 능력 있는 사람들이 모인 조직이 인간관계에서 허점을 보여 실력을 제대로 발휘하지 못하는 경우도 많다. 하지만 능력이 별로 없고 지질한 모습을 보이는 여섯 남자가 평소에는 자기밖에 모르는 유아적 모습을 보이는 것 같아도 위축돼 있을 때는 용기를 주고 서로 끌어 주는 모습이 시청자의 호응을 이끌어 냈다. 이런 게 현대적 의미의 리더십이다.

　하하의 공백이 적지 않지만 다섯 진행자만으로 프로그램을 꾸려 나가도 캐릭터가 굳건해 인기가 크게 떨어지지 않는다. 아니, 다른 사람이 끼어드는 것을 별로 반기지 않는다. 이들은 어느새 자연스럽게 '하나'로 보이기 시작했다. 〈무한 도전〉은 평범한 사람들도 좋은 팀플레이를 발휘하면 얼마든지 시너지 효과를 만들어낼 수 있다는 교훈을 준다.

1박 2일의 리더십 코드, 동료애

'나'보다 '우리'로 거듭나는 법

〈1박 2일〉은 진행자인 강호동과 김C, 이수근, 은지원, 엠씨
몽, 이승기 등 여섯 남자가 전국 방방곡곡을 돌아다니면서 부
딪히는 흥미진진한 상황을 통해 재미와 인간미를 보여 주는
'야생 로드 버라이어티'다. 이 프로그램은 현재 〈무한 도전〉을
위협하며 훈훈한 버라이어티로 많은 인기를 얻고 있다.

무엇보다 프로그램 콘셉트를 잘 잡았다. 1989년 해외여행
자율화 조치 이후 너도나도 해외여행을 떠났고, 지금도 해마
다 1천만 명 이상이 해외로 나간다. 이런 현상에 대한 반작용
으로 유홍준의 《나의 문화유산 답사기》가 공전의 베스트셀러
에 올랐고, 영화 〈서편제〉 또한 엄청난 관객을 동원했다.

〈1박 2일〉은 우리 것에 대한 관심과 애정을 예능 프로그램으로 전이시킨 것이다. 이들 여섯 남자는 우리의 시골로, 산골로, 어촌으로, 섬으로 간다. 그곳에는 따뜻한 미소가 있고, 아름다운 사람들이 있고, 시원하게 눈을 씻어 주는 자연이 있다.

요즘 버라이어티 예능물의 딜레마는 연예인들끼리 찧고 까불고 노는 것에 대한 거부감이다. 연예인끼리의 대화가 일반 사람들의 관심사로 연결되지 못해 '그들만의 리그'가 돼 버린 것이다. 이런 프로그램에 시청자들은 더 이상 감정 이입을 하기가 쉽지 않다.

〈무한 도전〉의 '서울 구경' 편이 호평받은 건 유재석 등 멤버들이 편의점 주인과 자연스럽게 대화를 나누는 모습이 공감을 불러일으켰기 때문이다. 〈1박 2일〉역시 '밀양' 편에서 멤버들이 할머니, 식당 아주머니와 함께 대화를 나누며 어울리는 모습이 친근감을 자아냈다. 여섯 남자가 독도 경비대원들을 위해 수타 자장면을 준비할 때는 재미를 넘어 감동까지 주었다.

나는 올 초, 인기 가도를 달리는 〈1박 2일〉 동행 취재에 나섰다. 전남 구례군 마산면 사도리 상사마을의 한 고택을 동행 취재하며 가장 먼저 느낀 점은, 〈1박 2일〉이 '야생 로드 버라이어티' 수준을 넘어 '만성피로 골병 버라이어티'라는 사실이다. 국내 최저가 풀옵션 패키지 여행이다 보니 시청자에게는 기쁨을 주지만 출연자에게는 절망(?)을 준다.

복불복 게임에서 진 세 사람은 날씨와 상관없이 반드시 텐트에서 잠을 잔다. 강원도 화천, 눈 쌓인 이외수 작가의 집 앞마당에 친 텐트에는 다음날 아침까지 정말 아무 발자국이 없었다. 이날도 복불복 게임에서 진 강호동과 김C, 이수근 팀은 6대째 이어온 이 마을 고택인 쌍산제 앞마당에서 영하 10도의 강추위를 견디며 잠을 잤다. 잠자리만 거친 게 아니다. 먹을 것도 제대로 먹지 못한다. 멤버들이 라면 한 가닥과 회 한 점에 팀을 배신하는 원초적인 모습이 자연스럽게 보이도록 하기 위해 카메라에 잡히는 음식 외에는 일절 못 먹기 때문이다.

그리고 ENG(고성능 소형 카메라)와 VJ용 6밀리미터 카메라 등 총 스무 대를 동원해 24시간 내내 찍는다. 매니저와 스태프를 합치면 모두 70명이 움직인다. 출연자들의 사생활이 없다. 화장실도 들어갈 때와 나올 때는 찍는다.

'은초딩' 은지원과 '허당' 이승기의 캐릭터가 가장 먼저 구축된 것은 이런 연유에서다. 인위적으로 콘셉트를 잡은 게 아니라 상황 속에서 자연스럽게 구축된 캐릭터라 은초딩, 허당이란 별칭은 몸에 딱 맞는 수식어가 됐다. 이들의 존재는 〈1박 2일〉의 가장 큰 재미다. 맏형 강호동의 굴욕에서 웃음 포인트가 나오긴 하지만 정공법으로는 어렵다. 선량하지만 위악이 스민 '은초딩', 재치와 빈틈을 동시에 보여 주는 귀여운 막내 '허당' 은 프로그램의 재미를 한껏 살려 준다.

여기에 비주얼만으로도 야생 그 자체인 김C는 무뚝뚝한 것 같지만 갈수록 따뜻한 면모를 풍긴다. 강호동이 '아빠'라면 김C는 '엄마'다. 어딜 가나 최고의 적응력을 자랑하고 거기에 제작 마인드까지 갖춘 MC몽, 별로 웃기지 못해 위축됐던 초기와 달리, 〈1박 2일〉속 또 다른 진행자로 자리 잡으며 자신감이 붙은 '일꾼' 이수근도 프로그램의 재미를 돋운다. 몸집만 큰 순둥이 개 '상근이'까지 캐릭터로 자연스럽게 녹아든다.

다양한 캐릭터들의 조화도 인기 요인이지만 전국 방방곡곡을 돌며 손수 식사를 지어 먹고, 산골 이웃들을 만나는 등 여섯 남자의 소박한 체험과 따뜻한 체온이 시청자에게 가감 없이 전달된 점도 〈1박 2일〉만의 장점이다. 멤버들은 평소 경험할 수 없는 고생을 함께 해서인지 책임감도 강해졌으며 서로 챙겨 주고 배려하는 모습에서는 진한 정情도 느낄 수 있다. 야외 텐트 속에서 새우잠을 자고, 온갖 파란만장한 이색 체험을 하면서 동병상련의 감정을 조금씩 나누고 있는 것이다.

이명한 담당 피디는 "시청자에게 여행의 가치를 심어 주고 여행의 매력에 흠뻑 빠질 수 있는 몰입의 경험, 즉 대리 만족을 주기 위해 노력한다."고 말했다.

사람들은 이 프로그램을 통해 소박한 여행이 주는 매력에 빠져 여섯 남자의 모험을 응원하고 함께 즐긴다. 〈1박 2일〉의 최고 매력은 바로 여기에 있다.

02

겸손,
몸을 낮춰
더 높이 뛰다

타인과 지혜롭게 공존할 수 있는 배려야말로 진정한 성공을
이루고 싶은 이들이 가져야 할 첫째 덕목이다.

유재석, 한발 물러나
세심하게 배려하라

시행착오는 도약의 밑거름

유재석은 대한민국에서 거의 전 세대에 걸쳐 사랑받는 예능 엠시다. 유재석이 진행하는 주간 프로그램은 무려 4~5개. 이 정도면 거의 살인적인 일정이라 할 수 있다.

과거 어느 누구도 이렇게 많은 프로그램을 겹치기 진행한 스타는 없었다. 그런데도 아직 유재석의 진행을 식상해 하지도 않고, 싫어하는 사람도 별로 없다. 오히려 앞으로 더 롱런할 것 이라고 예측하는 사람이 많다. 이는 유재석이 1991년 제1회 'KBS 대학 개그제' 로 연예계에 입문한 후 17년 동안 쌓아 온 그 무엇이 있었기 때문에 가능한 것이다.

사실 유재석에게 항상 좋은 이야기만 나온 것은 아니다. 프로그램을 많이 맡았다는 죄(?)로 비판적인 기사가 나오지 않을 수 없었다. 〈무한 도전〉을 제외한 몇몇 프로그램의 시청률이 떨어진다는 점을 근거로 유재석이 과도하게 겹치기 출연해 프로그램의 신선함과 참신성이 사라지고 진부해졌다는 지적이 나왔다. 자기 복제라는 이야기도 들렸다. 하지만 불과 며칠 만에 〈무한 도전〉에서의 맹활약으로 '역시 유재석'이라는 찬사를 불러일으켰다. 따지고 보면 유재석에 대한 비판이나 찬사는 모두 그의 높은 인기를 반영한 현상이다.

유재석의 '엠시 파워', 그는 어떻게 사람들의 관심과 지지를 한 몸에 받을 수 있었을까?

유재석은 지석진과 함께 〈서세원의 토크 박스〉를 통해 부각됐다. 말 개그는 그의 특기 중 하나다. 말 개그도 처음부터 타고난 게 아니라 노력형에 가깝다.

초창기 〈연예가 중계〉 리포터 시절, 유재석은 말을 더듬는 실수를 반복했다. 방송에서도 초기엔 카메라 울렁증이 심했고 무대 공포증까지 겪었다고 털어났다. 당시 땀을 뻘뻘 흘리며 연예가 소식을 전하던 유재석을 애처롭게 쳐다보던 엠시 임백천의 모습이 요즘도 자료 화면으로 인터넷을 돌아다닌다. 유재석은 수많은 시행착오를 거쳐 지금의 경지에 오를 수 있었던 것이다.

이런 노력파 유재석은 〈무한 도전〉이 안정권에 접어들었는데도 마음고생이 적지 않다. 패션 월간지 〈코스모폴리탄〉과 가진 인터뷰에서 그는 촬영 전날에는 늘 잠을 못 자고 고민한다며 메인 엠시로서의 중압감을 털어놨다. 어떻게 큰 웃음을 드릴까, 어떻게 프로그램을 조율해야 하나 정말 여러 생각이 들어 잠이 안 온다는 것이다.

프로그램을 이만큼 안정 궤도에 올려놓은 상태라면 좀 편할 줄 알았는데 밖에도 못 나가고 고민에 고민을 거듭하는 유재석. 그가 많은 사람들에게 사랑을 받는 이유를 알 것 같기도 하다.

배려, 마음을 얻는 가장 큰 열쇠

유재석의 진행 스타일은 타인을 배려하는 겸손 개그다. 그래서 '배려형 엠시'라고들 말한다. 물론 출연자에게 약간의 면박을 주긴 하지만 빈틈이 있어서 번번이 상대의 반격을 허용한다. 이때 출연자들은 기회를 놓치지 않고 다들 한마디씩 하다가 이내 소란스런 분위기로 바뀌고 만다. 요즘 오락물의 웃음과 재미는 이런 식으로 만들어진다. 출연자들의 캐릭터도 이 과정에서 자연스레 구축된다.

유재석은 겸손과 배려라는 덕목으로 확고한 리더십을 구축했다. 무슨 수단을 쓰더라도 남보다 앞서 가야 한다는 강박 관념에 사로잡혀 있는 우리 사회에, 유재석의 '배려형 리더십' 과 '서번트(섬김형) 리더십' 은 스스로를 낮춤으로써 더 높이 날 수 있다는 교훈을 던져 준다. MBC 예능국 고재형 책임 프로듀서(CP)의 말대로 유재석은 게스트와 출연진을 편하게 해 줘 프로그램의 기획 의도를 최대한 살려 주는 예능 엠시다.

요즘 텔레비전의 오락 프로그램은 호통치고 삐치고 집적거리고 들이대는 게 잘 먹히는 추세다. 목소리 크고 먼저 이야기하는 사람이 카메라에 잘 잡힌다. 평범하고 얌전하면 손해다.

얼마 전, 개그맨 서경석은 〈무릎팍 도사〉에 출연해 내성적인 면이 많아 남의 말을 듣는 것을 좋아하는 자신이 이렇게 급변하는 방송 환경에서 엠시로 살아남을 수 있을지 고민이라고 속마음을 털어놓은 적이 있다. 서경석은 입사 동기인 박명수가 1993년 당시에도 호통 개그를 선보였지만 모두 통편집됐다고 들려줬다. 그런데 요즘은 박명수가 거성巨星이 되고 자신은 조그마한 별밖에 되지 못했다고 했다. 이것은 요즘 변화하고 있는 방송 환경을 단적으로 보여 준 예다.

특히 여러 명이 출연하는 버라이어티 오락물 체제에서 자신을 돋보이게 하려면 강렬한 트레이드 마크를 남겨야 한다. 막무가내로 건방을 떠는, 소위 '비호감 개그' 와 '몸 개그' 가 뜨게 된 것도 이 때문이다. '돌아이' 노홍철이 논란을 불러일으켰던 저질 춤을 추는 것도 같은 맥락이다. 정형돈처럼 웃기지 못하면 못 웃겨 '어색하다'는 점이라도 캐릭터의 특징으로 부각시켜야 한다.

하지만 교과서적 진행, 야전교범 같은 갈끔한 진행으로도 얼마든지 돋보일 수 있다. 사실 이 방식으로 인기를 얻어야 생명력이 길어진다. 유재석이 그런 경우다.

유재석은 말에 강하다. 방송 사고가 날 염려가 전혀 없을 정도로 언어 순화가 잘 돼 있고 깔끔한 화술을 갖고 있다. 게다가 자신을 낮출 줄 안다. 하지만 이런 몇 가지 능력만으로는 최고의 자리에 오를 수 없다. 자칫하면 무슨 무슨 척한다는 소리를 들을 수 있기 때문이다. 그러나 유재석은 깔끔한 화술에 호감 유머를 적시에 찔러 넣을 수 있는 재치를 겸비했다.

이영애가 게스트로 출연한 2007년 5월 〈무한 도전〉 방송은 그런 유재석의 역량이 잘 발휘됐다. 유재석은 이날 이영애와 CF 촬영장에서 자신의 코디네이터가 조명기를 넘어뜨리면서 소란이 벌어지자 "죄송합니다. 우리 코디가 CF가 처음이라."라고 말해 좌중을 웃음바다로 만들었다.

유재석의 역할을 농구로 따진다면 '가드'다. 가드의 볼 배급을 받지 못하면 아무리 유능한 골게터도 슈팅을 시도할 수 없다. 유재석은 슈팅 폼이 희한한 선수들에게까지 일일이 볼 배급을 해 주는 배려형 명가드다.

가드가 욕심을 내 자신도 포인트를 올리려고 자주 슈팅을 날리게 되면 포워드가 제 기량을 발휘할 수 없다. 하지만 유재석은 다섯 선수들의 특성을 잘 파악하고, 이들의 득점을 도와줘 팀 전체가 살아나게 해 준다. 그래서 〈무한 도전〉에서 하하는 빠진 채 사진만 놓고도 진행이 가능하지만 유재석이 빠지면 진행이 불가능하다.

〈무한 도전〉 진행자들은 가만히 놔둬서는 안 되는 캐릭터다. 대한민국 평균 이하의 여섯 남자들은 이영애가 아예 고개를 돌려 버리는 저질 춤에 온갖 추태를 벌이며 소란을 피운다.

유재석은 이런 난리 법석의 상황을 잘 정리해 낸다. 유재석의 착한 이미지는 멤버들의 독한 개그를 희석 내지는 중화시키는 역할을 한다. 〈무한 도전〉의 구심점으로서 유재석의 역할은 아무리 강조해도 지나치지 않는다.

격의 없이 어울리는 리더

내가 초등학교와 중·고등학교를 다닐 때 반장은 학생들과 완전히 다르게 행동했다. 선생님의 권한을 위임받은 반장은 학생들에게 지시를 하고 이를 어겼을 경우 체벌도 가했다. 물론 이런 역할을 수행하기 위해서는 학생들보다 약간 위에 올라선 위치에서 카리스마를 발휘했다. 그러다 보니 행동에 제약이 따랐다. 자신도 학생이건만 친구들과 함부로 장난칠 수 없었다. 알고 보면 '외로운 반장'이었다. 하지만 이제 이런 반장은 인기가 없다. 친구들과 똑같은 수준에서 놀면서도 반장 역할을 할 수 있는 친구가 인기가 좋다는 것이다.

이는 직장에서도 마찬가지다. 요즘 팀장은 팀원들이 어려워하는 존재가 되면 안 된다. 팀원을 부려먹기만 하는 팀장, 자기 주장만 내세우는 팀장, 다가가기 어려운 팀장의 이미지로는 팀원들로부터 외면 내지 왕따를 당하기 십상이다. 팀원들과 형식적으로가 아니라, 정말 격의 없이 어울릴 줄 알면서도 원활하게 업무를 조절하고 끌고 갈 수 있는 '형' 같은 팀장이 요구되는 것이다.

이런 스타일의 반장, 팀장을 우리는 유재석에게서 볼 수 있다. 유재석은 프로그램을 끌고 가는 메인 엠시지만 항상 게스트와 함께 어울린다. 그냥 형식적으로 어울리는 게 아니라 게스트와 똑같은 수준에서 논다. 〈무한 도전〉에서는 다섯 멤버 못지않게 지질하게 논다. 그러면서 상황을 정리해야 할 때는 바로 분위기를 바꿔 깔끔하게 매듭짓는다.

웃음을 만들어 내기 위해서는 권위를 무너뜨려야 한다. 이 목적을 달성하는 데는 2가지 유형이 있다. 남을 무너뜨리는 유형과 자신을 무너뜨리는 유형이다. 유재석은 후자다. 그래서 그의 진행 스타일을 일러 '겸손 엠시'라고 표현하는 것이다.

엠시를 맡게 되면 자신을 돋보이게 하고 싶을 때가 많을 것이다. 사람이라면 누구나 자신이 속한 조직, 자리에서 돋보이고 싶고 인정받고 싶어 한다. 하지만 유재석은 진행자로서 이런 강박을 떨치고 상황에 따라 진행자와 게스트의 경계를 허물어 한데 어울린다. 자신을 망가뜨림으로써 웃음의 소재를 기꺼이 제공한다.

게다가 몸 개그에도 아주 능하다. 사람들은 유재석의 능력이 착한 내용 위주의 말 개그에 한정됐다고 생각했다. 하지만 깔끔한 진행 솜씨와 훌륭한 매너로 어필해 온 그가, 〈무한 도전〉에서 박명수와 역할을 바꿔 '거성 연기'를 펼치자 모두들 완벽하다, 정말 재미있다는 반응을 보였다. 그는 방송에서 "닥쳐. 멍청아"를 연발하며 호통 개그를 선보이고 뜬금없이 황진이 춤을 추는 등 평소 이미지와 정반대의 연기를 펼쳤다. 복제품이 원본보다 더 낫다는 평가도 나왔다. 유재석이 말 개그의 대척점에 있는 몸 개그까지 소화하자 시청자들은 놀라움을 금치 못했다. 콩트로 다져진 연기 내공이 빛을 발하는 순간이었다.

유재석이 몸 개그를 펼쳐 찬사를 받았다는 것은 개그맨이자 예능 엠시로서 롱런의 가능성을 더욱 견고하게 하는 것인지도

모른다. 과거 배삼룡, 심형래 등 슬랩스틱 코미디언들은 대사
가 어눌해서 몸을 활용하는 개그로 개성을 표현했다. 말 잘하
는 유재석이 그런 몸 개그를 펼칠 줄은 예상하기 힘들었다. 그
래서 효과가 더 컸다. 이는 양립하기 힘든 두 가지 요소를 모두
지닌 연예인의 수명이 더 길어지는 이치와 통한다.

그가 보여 준 몸 개그 중 대표적인 것으로 '쌩얼'도 있다.
유재석의 '쌩얼'은 한때 누리꾼들 사이에서 뜨거운 반응을 불
러일으켰다. 안경을 벗고 맨얼굴을 보여 주는 정도로도 화제
를 낳았다. 방송가에서 '쌩얼'이란 단어는 원래 분장을 하지

않은 얼굴을 뜻하지만, 동시에 유재석의 안경 벗은 모습을 의미하는 말이기도 하다.

유재석에게 '쌩얼'은 그의 개그, 진행 스타일과 밀접한 관련이 있다. 유재석은 자신이 '난처해하는 상황'을 시청자들이 즐긴다는 사실을 누구보다도 잘 알고 있다. 그러니 옆에서 자신을 괴롭혀 주는 동료가 있을 때 유재석의 진행은 더욱 빛을 발하게 된다. '쌩얼'은 그가 개발한 아이템이 아니라 옆에서 부추긴 콘셉트인 것이다.

이 점에서 그는 신동엽과 뚜렷이 대비된다. 신동엽은 자신이 당하는 것에 익숙하지 않다. 자신이 꼬투리 잡히려고 하면 집요하게 물고 늘어져 상황을 타개하는 '재간둥이'다.

유재석은 이렇게 망가질 때 망가질 줄 아는 배려형 엠시로, 게스트와 한데 섞여 노는 놀자형 엠시로 자신의 진행 스타일을 특화했다. 하지만 보기에 거슬릴 정도로 희화되는 단계까지는 가지 않았다. 〈무한 도전〉멤버들은 유재석에게 함부로 대하지 않는다. 무한한 신뢰를 보낸다. 하하와 노홍철은 유재석을 '무한 재석교' 교주로 깍듯이 모셨다.

이처럼 게스트와 진행자를 자유자재로 오가는 순발력이 유재석의 특기다. 이 능력은 리더로서 매우 중요한 자질이다. 이제 리더가 항상 위에 있다는 자세, 리더니까 근엄해야 한다는 자세는 버려야 한다.

유재석, 그가 롱런할 수 있는 이유!

2006년 10월 국정감사장에서 연예인들의 고액 출연료가 공개돼 화제를 모았다. 대중의 반응은 둘로 나뉘었다. 너무 많다는 의견과 받을 만하다는 의견이 섞여 있었다. 그러나 예외도 있었다. 바로 방송 출연료만 매주 4천만 원을 받는다는 유재석이다. 그는 오락 프로그램 출연료로 매주 4천만 원, 연 20억 원의 방송 출연료를 받는 것으로 밝혀졌다. 회당 출연료가 국내 최고인데도 이에 대해 반대나 불만의 의견을 표시한 누리꾼은 거의 없었다.

연기자에 대해서는 발음조차 안 되는 배우가 회당 2천만 원을 받는 건 문제가 있다는 의견이 적지 않게 나왔지만 유재석만은 고액 출연료와 값진 성공을 인정해 주는 분위기였다. 앞에서도 말했듯 8년이란 긴 무명 기간을 거쳐 자신의 노력만으로 정상에 올라왔기에 당연한 보상이라는 것이다.

그는 오랜 오락 프로그램 출연을 통해 토크와 수다, 개그를 익혔고 이를 상황에 따라 분리, 또는 조합하는 임기응변이 뛰어나다. 지상파 주간 오락 프로그램을 동시에 5개나 진행할 수 있는 건 그런 과정을 거쳤기 때문이다.

앞으로 유재석의 과제는 정상을 지키는 일이다. 일인자의 자리를 지키는 게 얼마나 힘든지는 누구나 다 알 것이다. 남녀노소에게 폭넓게 사랑받고 최고의 인기를 누리고 있는 그는 넘버원의 자리를 지키기 위해 고행길을 걷고 있다. 반에서 일등하는 학생이 좋은 성적을 유지하기 위해 책을 놓지 말아야 하듯, 유재석은 우아한 자태를 유지하기 위해 물밑에서 분주하게 다리를 움직이는 백조처럼 자기 관리에 최선을 다하고 있다.

연예계 최고 인기 스타니까 화려한 생활을 할 거라고 생각한다면 오산이다. 유재석은 외출해 친구들과 술 한잔 나눌 여유도 없다. 한 프로그램이 끝나면 다음 프로그램을 준비해야 하고, 최선을 다해 선보인 프로그램이 끝나면 시청자 반응이 어떤지도 열심히 체크해야 한다.

이런 유재석의 일과를 강호동은 '녹화와 재활의 연속'이라고 표현했다. 유재석은 녹화가 끝나면 목이 잠기기 일쑤다. 목이 쉬고 나면 어떨 때는 후회하기도 하지만 녹화에 취해 입이 풀리면 또 쉴 새 없이 떠들게 된다고 한다.

유재석은 문화 평론가 강명석과 가진 인터뷰에서 방송 3사를 주름잡는 엠시가 알고 보면 파리 목숨이라는 사실을 고백했다.

"불안해요. 특히 개편 철엔 굉장히 불안하죠. 그 사이 2주 하다 없어진 프로그램도 있고, 찍었는데 방송 안 나간 프로그램도 있고. 사실 파리 목숨 같죠. 예전엔 그런 불안을 우리끼리만 속으로 가지고 있었다면 요즘은 시청자 여러분들도 이 직업의 비애를 많이 이해하시잖아요. 그러니 우리끼리도 방송에서 언제 잘릴지 모른다며 농담을 할 수 있는 거죠."

상황이 이러하니 그는 항상 치열한 고민을 안고 살아간다. 유재석에 대해서는 많은 사람들이 롱런을 예상하고 있다. 하지만 지나치게 반듯한 진행은 강점이기도 하지만 단점으로 작용할 수도 있다. 유재석은 반장과 회장 정도의 재목이지 감독 수준은 아니라고 평가하는 사람도 있다. 결혼 후에도 지금처럼 착한 콘셉트를 계속 이어 갈 수 있을지 의문을 제기하기도 한다.

하지만 10년에 가까운 긴 무명 생활 동안 다져 올린 기술과 노하우가 쉽게 무너질 리 없다. 대중들도 대부분 이런 유재석의 모습을 계속 보고 싶어 한다.

그는 최근 자신이 진행했던 프로그램에서 민망했던 무명시절의 에피소드 하나를 털어놨다. 무명 때 정육점 홍보 행사를 나가 약속한 금액 대신 소고기와 찌개거리를 출연료로 받았다는 것이다. 당시에는 아무도 자신이 개그맨인 줄 모르던 시절이라 섭외한 정육점 주인 아저씨도 적잖게 당황했을 거라고 말이다.

그는 강명석과의 인터뷰에서 "언젠가 많은 분들의 사랑과 인정을 받는 날이 온다면 정말 무명 시절을 잊지 말아야겠다고 다짐했어요. 제가 불교 신자인데요. 밤마다 기도했어요…… 좋아도 너무 기뻐하지 말고, 안 좋아도 너무 슬퍼하지 말자고요…… 저는 개인기도 안 되고, 뭐 하나 되는 게 없기 때문에 무조건 열심히 해야 돼요."

유재석을 보면 이 사람 참 오래가겠구나 하는 생각이 든다. 동료, 선후배, 방송 연출자의 평가도 그런 심증을 굳히게 해 준다.

"유재석은 어떤 상황에서도 개그스런 상황을 만든다.(배우 조형기)", "제작자의 입장을 많이 배려해 준다.(김광수 피디)", "유재석과 정형돈은 플레잉 코치 역할도 한다.(김태호 피디)", "재석이는 웃길 거 다 웃기면서도 게스트 모두에게 질문을 나눠 준다.(개그우먼 박미선)"

최근 나경은 아나운서와 2년간의 열애 끝에 결혼에 골인해 더욱 안정감을 얻은 유재석은, 언젠가 정상에서 내려오더라도 인간적 매력을 잃지 않는 예능인으로 대중에게 계속 웃음을 줄 것이다.

사람과 사람, 사람과 조직의 모든 관계는 대화에서 시작한다고 해도 과언이 아니다. 대인 관계가 원만하거나 조직을 잘 통솔하는 사람들에게는 한 가지 공통점이 있다. 바로 말을 조리 있게 잘한다는 것이다. 좋은 화술은 관계의 폭을 넓히고 더 돈독하게 할 수 있는 최고의 무기다. 하지만 기술적으로 말만 잘한다고 해서 성공하는 것은 아니다.

뛰어난 화술보다 더 강력한 것은 상대의 마음을 북돋을 수 있는, 배려가 담긴 말이다. 비난과 질타보다 칭찬과 배려의 말이 호감을 준다는 사실을 모르는 이는 없을 것이다. 그렇다고 해서 상대에게 상처 주지 않기 위해 듣기 좋은 소리만 하거나, 모리배처럼 임기응변에만 능해서도 안 된다. 표면적인 예의는 상대의 마음을 더 불편하게 만들 수 있기 때문이다.

말은 마음의 표현이다. 단지 겉치레에 그친다면 아무리 좋은 말을 해 줘도 진심 어린 배려로 와 닿지 않는다.

유재석은 웃음을 만드는 개그맨인데도 남을 깎아내리는 말을 하지 않는다. 너무 정제된 말만 하면 재미가 없지 않느냐는 지적도 있지만, 자신이 망가질지언정 남을 비방해 웃기지는 않는다. 유재석의 이런 배려형 개그는 어느 한순간에 콘셉트로 탄생한 것이 아니라, 10년 이상 실전에서 시행착오를 거치며 자신에게 맞는 스타일로 계발된 것이다.

누구나 자신과 잘 어울리는, 세심하고 배려 담긴 화법을 구사하면 대인 관계에서, 직장에서, 인생에서 성공하고 리더십을 발휘할 수 있다. 지극히 평범하고 어찌 보면 소심해 보이기까지 하는 유재석이 강한 리더십을 발휘하는 것도, 그의 개그가 겸손과 배려, 친절에 바탕을 두고 있기 때문이다. 남을 배려할 줄 아는 사람은 조직 안에서도 팀원들과 잘 융화하며, 팀원과 잘 융화하는 사람이 일도 잘한다. 유재석은 뒤죽박죽이고 난장판 같은 〈무한 도전〉의 멤버들을 잘 통솔하며 구심점 역할을 톡톡히 하고 있다. 유재석의 배려형 리더십과 서번트(섬김형) 리더십은 너도나도 잘난 시대에 어떻게 처신해야 하는지를 잘 보여 준다.

유재석처럼 상대방의 마음을 움직일 수 있는 '배려의 화법'을 터득하려면 어떻게 해야 할까?

가장 중요한 건 상대의 관점에서 현상을 바라볼 줄 알아야 한다는 것이다. 상대의 입장이 돼 보라는 뜻이다. 유재석은 버라이어티 경험이 부족해, 카메라가 거의 가지 않는 게스트에게도 말을 걸어 주고 자신감을 갖도록 유도한다. 함께 출연한 사람들의 세세한 사항까지 꿰뚫고 있다가, 기회가 올 때마다 그 사람에게 질문을 나눠 주고 대화에 참여할 수 있도록 이끌어 화제의 중심에 오게 한다. 그뿐 아니라 조연출과 카메라 뒤에 숨은 스태프 한 명 한 명을 일일이 챙기는 것으로도 유명하다.

만약 당신이 팀장이라면 '어떻게 하면 모든 팀원이 제 역할을 잘 발휘하고, 골고루 기회를 나눠 가지며 성장할 수 있을 것인가'를 끊임없이 고민해 보자. 사원이라면 동료와 상사의 사소한 일까지도 말로나마 챙기고, 아침에 건네는 인사 한마디에도 관심을 담아내자. 배려는 거창한 것이 아니다. 언제나 사소한 것에서 시작해 상대의 가슴에 큰 물결로 남는다.

상사도 살고 나도 사는 유재석식 처세법

01 상사의 서포터가 돼라

상사와 생산적인 관계를 만들고 유지하고 싶다면 상사부터 내 편으로 만들어야 한다. 상사의 마음을 사로잡으려면 어떻게 해야 할까? 가장 중요한 것은 상사에게 위기의식을 갖게 하지 않는 것이다. 똑똑해 보이는 것도 중요하지만 상사보다 더 똑똑하고 현명하게 보이면 안 된다. 상사는 이를 위협으로 간주하고 불안해한다. 물론 일부러 어벙한 척하거나 실적을 수준 이하로 낮출 필요는 없다. 상사의 힘을 보완하는, '서포터' 차원에서 말하고 행동하라.

02 자신보다 상사를 돋보이게 하라

가능한 한 상사를 띄워 주라. 특히 예민하고 트집 잡기를 좋아하는 비호감 상사일수록 '띄워 주기 전략'을 사용하면 신임을 얻을 수 있다. 아부를 떨라는 얘기가 아니다. 당신의 공로로 일이 잘 돼 칭찬을 받았을 때 "이 대리님이 가이드를 잘해 준 덕분이죠." 하고 한마디라도 상사의 공을 높여 말하면 호감도 100퍼센트 상승! 이런 사원을 좋아하지 않을 상사는 없다. 아무리 일을 잘해도 결정권자의 신임을 얻지 못하면 어떤 기회도 만들 수 없다.

03 문제가 아닌 해결책을 제시하라

회의 때마다 비판적인 의견에 비관적인 태도로 일관하는 건 근무 수명을 단축하는 지름길이다. 자기 의견을 분명히 밝히는 것도 중요하지만 문제점을 지적하며 불평만 늘어놓기보다 해결책을 제시하는 편이 훨씬 보기 좋고 의욕적인 사람으로 비칠 수 있다. 회사는 긍정적인 에너지를 가진 사원을 신뢰한다. 회사가 가치를 두는 것에 긍정적인 태도를 갖고 적극적으로 참여하려는 자세를 보여라.

04 컨디션부터 챙겨라

상사의 컨디션이 좋아 보이지 않을 때는 먼저 "무슨 걱정 있으세요?" 하고 컨디션을 챙겨 주는 센스를 발휘하라. 단, 상사의 기분을 체크하고 독려할 때는 부정적인 표현 대신 긍정적인 표현을 쓰자. "오늘 얼굴이 아주 창백해 보이시네요." 대신 "오늘 얼굴이 좀더 갸름해 보여요." "눈이 토끼 눈이 됐어요." 대신 "눈이 피곤해 보여요. 좀 들어가서 쉬세요."라고 말하면 듣기에도 훨씬 좋지 않은가.

상사에게 건네는 말 한마디, 업무용 보고, 이메일 하나에도 감동을 담아내라.

05 보고는 제때 제때 하라

대부분의 신입 사원들이 자주 지적당하는 부분 중 하나가 왜 제때 보고하지 않느냐다. 상사들은 대부분 일의 가이드라인만을 제시해 주기 때문에 당신이 일을 어떻게 진행시키고 있는지, 잘하고 있는지 궁금해한다. 보고하는 습관을 기르자. 일의 진행 과정을 보고하면 상사를 안심시켜 주는 효과를 얻을 수 있다. 또한 일을 처리하는 모든 과정에서 상사의 의견을 묻고 조언을 구하면, 상사는 당신이 일의 모든 단계에서 자신을 필요로 하고 자신의 의견을 존중하고 있다는 느낌을 받게 된다.

자주 보고하는 게 피곤하겠지만 이것도 일을 배우는 과정 중 하나라고 생각하면 마음이 편해질 것이다.

2

강호동, 최강 팀워크를 만드는
섬세한 리더

꼬리표는 떼라고 있는 것

강호동은 경남 진양의 이반성이라는 한 시골 마을의 평범한 가정에서 2남 3녀 중 막내로 태어났다. 중학교 2학년 때부터 씨름을 위해 합숙 생활을 했고, 프로 팀인 일양약품에 입단해 열아홉 살에 백전노장 이만기 선수를 눌러 천하장사가 됐다. 하지만 그는 바로 은퇴를 선언하고 1993년 연예계에 데뷔했다. 당시 이경규가 강호동의 방송계 입문을 권유한 것은 잘 알려진 사실이다. 이경규는 피디에게 강호동을 소개시켜 주며 강호동이 방송에서 뜨지 못하면 자신이 은퇴하겠노라고 호언장담했다고 한다. 그는 당시 강호동을 봤을 때 60퍼센트 정도는 성공 가능성이 보였다고 했다. 그러나 씨름계에서 강호동의 연예계 데뷔를 워낙 반대해 더 강력하게 강호동의 성공 가능성을 피력했다고 한다.

강호동은 예능 프로그램의 톱 엠시가 되기 힘든 조건을 지녔다. 강한 경상도 악센트에 소리를 지르는 듯한 발성은 정확한 발음을 구사해야 하는 엠시로서는 중대한 결격 사유가 된다. 하지만 이제 경상도 사투리와 큰 목소리는 강호동의 트레이드 마크가 됐다. 언젠가 그를 인터뷰하면서 경상도 사투리와 목소리를 단점이라고 생각하느냐고 물어본 적이 있다.

"처음에는 예능 엠시로 시작한 것이 아니고 경상도 사투리를 쓰는 천하장사 캐릭터로 방송에 나왔어요. 프로그램 전체를 이끌어 가는 입장이 아니라 양념 도구로서 웃기는 역할을 부여받았죠. 그때까지만 해도 부담이 적었어요. 하지만 콩트를 배우고 캐릭터를 살리며 프로그램을 진행하면서부터 힘이 들더라고요. 표준어를 구사하는 능력이 있으면서 사투리를 무기로 쓸 수 있으면 좋겠지만, 표준어를 못하는 상태에서 사투리를 해야 했기 때문에 부담감이 안 생길 수 없었죠. 단어 선택을 할 때는 항상 의식하는데 목소리 톤은 잘 안 고쳐져요. 하지만 게스트를 상대로 사투리를 적절히 쓰면 대화가 더 부드럽게 넘어갈 때도 있어서 단점이라고 생각하진 않아요."

그뿐 아니라 강호동은 덩치가 크고 힘이 세기 때문에 상대방에게 위압적인 느낌을 주기도 한다. 실제 오락 프로그램 엠시 초기만 해도 큰 덩치로 참가한 연예인들을 괴롭히거나 공포 분위기를 조성하는 콘셉트를 구사하기도 했다. 아마 이런 모습을 쭉 이어 갔다면 단명할 수밖에 없었을 텐데, 그는 눈치 채지 못하게 조금씩 콘셉트를 바꿔 시청자들의 비판과 편견을 피해 갔다.

많은 약점을 딛고 방송 3사를 종횡무진하며 최고의 예능 엠시로 일어선 강호동. 그는 어떻게 예능 엠시로 성공할 수 있었을까? 거기에는 치밀한 전략도 엿보인다.

첫 번째 수칙은 예능 엠시로서 완전히 자리 잡기 전까지는 절대 혼자 진행하지 않았다는 점이다. 〈브레인 서바이벌〉의 김용만이나 〈진실 게임〉의 유재석이 보여 주는 원맨쇼one-man show를 하지 않았다. 자칫 '원천 기술'의 불완전성이 드러날 수 있기 때문이다.

그는 항상 두세 명의 공동 진행자와 역할 분담을 했는데, 주로 면박을 당하거나 게스트의 유머를 받아 주는 역할을 맡았다. 덩치도 크고 힘센 친구가 시청자를 위해 자신을 희생해야 할 때면 덩치에 걸맞지 않게 망가지며 웃음의 시점을 정확히 포착했다. 이 순발력은 강호동을 차별화된 오락 엠시로 구분지어 준 요소였다.

MBC 〈천생연분〉을 거쳐 SBS 〈X맨〉 〈연애 편지〉까지 연예인 짝짓기 프로그램에 특히 강했다. 그래서 '짝짓기' 전문 엠시라는 타이틀도 붙었다.

　젊은 연예인들을 휘어잡을 것 같은 신체 특징을 지녔음에도 실제로는 군기를 잡는 발언만 하고 절대 기합은 주지 않았다. 가끔 겁을 주는 것 같지만 은근히 당해 주고 오히려 적절히 면박받을 만한 꼬투리를 슬쩍 내비치기도 했다. 원래 미팅 주선자는 너무 말쑥해도 어울리지 않는 법이다. 미팅 장소에서 분위기를 띄워 주고 자신은 틈을 봐 빠지는 게 주선자의 미덕이라면, 강호동은 이 역할을 제대로 소화했다.

　게다가 강호동은 '시골 사람' 이미지를 참 잘 활용한다. 유재석이 하면 민망할 모습도 강호동이 하면 자연스럽게 넘어간다. 강호동은 아무리 민망한 구애를 해도 용납된다. 없는 기술을 억지로 만들어 보여 주려 하지 않고, 원래 모습을 특기로 활용하는 강호동의 방식은 '기획의 승리'라고도 할 만하다.

　약점이 많지만 실패를 두려워하지 않고 한 걸음 한 걸음 도전하는 정신, 또 도전 과정에서 자신의 약점들을 고치고 매력으로 바꿔 나가는 게 강호동의 최대 장점이자 성공 요인이라고 할 수 있다.

먼저 다가가는 리더가 사람을 얻는다

강호동은 지상파 3사 방송국에서 가장 차별화가 잘 돼 있는 예능 엠시다. 현재 프로그램 3개를 진행하는데 프로그램마다 개성과 특성이 모두 다르다.

리얼 버라이어티 프로그램이 대세라고 해도 실은 가짜 설정이 어느 정도 가미된다. 예능 프로그램에서 100퍼센트 리얼 상황이란 있을 수 없다. 연예인, 소위 '선수'들끼리는 말을 하지 않아도 웃음의 포인트를 찾고 방송 분량을 맞춘다.

하지만 SBS 〈놀라운 대회 스타킹〉은 방송 경험이 전혀 없는 일반인들이 주연으로 출연하고, 반대로 연예인들이 이들의 재능에 박수를 쳐 주는 조연으로 등장한다. 이 프로그램은 출연한 일반인들이 웃겨야 한다는 부담감을 느끼지 않는 데다 방송 매커니즘 자체에 아예 신경 쓰지 않기 때문에 '날것 그대로의 에너지'가 분출된다. 가짜 설정이 없는 100퍼센트 리얼 버라이어티인 것이다.

이 프로그램에서 강호동은 재능 있는 일반인 출연자들을 상대로 몸을 아끼지 않는 진행을 펼친다. 그는 일반인들을 편안하게 해 주고 연예인 패널과도 자연스럽게 연결시켜 재미를 만들어 낸다. 무대가 낯선 일반인 출연자들이 재주를 최대한 뽐

낼 수 있도록 도와주는 것이다. 출연자들의 눈높이에 맞춰 아이가 나오면 무릎을 꿇고, 필요하면 아예 드러누워 버리는 등 어떠한 자세도 취해 준다.

사실 예능물을 전문으로 하는 연예인들은 일반인과 프로그램을 같이 하는 것에 부담을 느낀다. 일반인들은 예측불허의 행동을 하기 때문에 연예인들이 돌발 상황에 적응하는 데 어려움이 있기 때문이다. 하지만 강호동은 다양한 배경의 출연자들, 가난한 사람부터 잘사는 사람, 세 살 어린 아이부터 여든 할아버지까지 정말로 다양한 일반인을 상대로 몸을 아끼지 않고 파트너가 돼 준다.

〈놀라운 대회 스타킹〉의 서혜진 피디는 "강호동은 4시간 반 녹화 동안 지칠 줄 모르는 체력으로 재미없는 사람까지 재미있게 만들어 준다. 이건 인간에 대한 관심과 애정이 없다면 불가능하다."라고 설명한다.

MBC 〈무릎팍 도사〉에서는 고민을 의뢰하러 온 게스트를 상대로 순발력을 발휘해 새로운 사실들을 끄집어내고, 1 대 1 토크쇼의 진지함을 그대로 가져가면서도 버라이어티 쇼의 흥미를 잘 유지한다.

또 KBS 〈1박 2일〉에서는 '맏형' 이미지로 다섯 동생들을 데리고 전국 곳곳을 여행하며 원초적인 게임으로 웃음과 인간미를 선사한다. 후배들에게 역할 분담의 기회를 골고루 제공하고 노하우를 나눠 주며 좋은 팀플레이를 이끌어 간다.

그동안 상복이 없었던 강호동은 이런 진행 능력을 인정받아 지난 연말에 SBS '연예대상'을 수상했고 제44회 〈백상예술대상〉에서 44년 역사상 예능 프로그램 엠시로는 처음으로 텔레비전 부문에서 대상을 받기도 했다.

현장형 팀장, 강호동

강호동이 자신의 단점을 극복하고 엠시의 강자로 자리 잡을 수 있었던 또 하나의 성공 요인으로 '솔선수범'을 꼽을 수 있다.

〈오센〉의 강희수 기자는 "〈놀라운 대회 스타킹〉에서 강호동은 온몸을 던져 웃음을 유발한다. 자신을 모르모트로 기꺼이 내놓기도 한다. 〈야심만만〉과 〈무릎팍 도사〉에서 최고의 인터뷰어가 될 수 있었던 것도 상대방과 정서적 공감대가 있었기 때문에 가능했다. 야단법석을 떨며 분위기를 띄우는 것도 모두 까다로운 연예인의 입을 열게 하기 위한 사전 작업이다."라고 말했다.

사회에서 강호동 같은 스타일은 현장형 팀장으로 분류할 수 있다. 사실 팀장이 되어 부하 직원들을 이끌고 최고의 성과를

올린다는 건 말처럼 쉽지 않다.

"팀원들 뒤치다꺼리에 이젠 지쳤다. 내 일에만 집중할 수 있으면…", "차라리 팀원으로 돌아가고 싶다. 신경 써야 할 게 한두 개가 아니니 원."

한국의 팀장들이라면 누구나 한번쯤 이런 볼멘소리를 자기도 모르게 내뱉었을 것이다. 팀원이었을 때는 말도 잘하고 협상에서도 밀리지 않으며 추진력까지 갖춘 유능한 사람도, 팀장이 되면 갈피를 잡지 못하고 헤매기 일쑤다. 팀원은 자신이 맡은 일만 충실하면 되지만, 팀장은 팀원 모두가 제 능력을 최대한 발휘할 수 있도록 이끌어 주고 일의 능률을 올려야 하기 때문이다.

그런 점에서 〈1박 2일〉을 이끌어 가는 강호동은 팀장 리더십을 제대로 발휘했다.

강 기자는 "조직의 상층부만 관리하는 게 아니라 말단 직원들과 어울리며 때로는 대폿잔도 기울일 줄 아는 서민적인 리더가 강호동 식이다. 자칫 현장에 너무 동화되다 보면 리더의 본업을 잊어버리는 위험성이 있기는 하지만, 강호동의 첫인상처럼 타고난 카리스마를 지니고 있다면 이러한 단점도 극복할 수 있다."고 설명했다.

강호동을 인터뷰했을 때, 그는 후배를 포함해 사람을 얻는 기술은 다른 게 아니라고 말한다.

"거창하게 후배를 키운다기보다 후배의 캐릭터를 연구하고 살려 주려고 애써요. 저 역시 선배님들이 저의 캐릭터를 끄집어내 줬기 때문에 성장할 수 있었습니다. 어떤 친구끼리 대비시키거나 조합해 보면 효과가 있을지를 연구해요. 이건 피디의 역할이지만, 크게 볼 때 피디가 아빠 역할을 한다면 저는 엄마 역할도 해야 한다고 생각해요. 그런 것을 섬세하게 끄집어내 웃음으로 만들었을 때 참 짜릿해요."

강호동은 끊임없는 노력 끝에 자신의 단점을 매력으로 바꿔 냈다. 험상궂은 외모와 경상도 억양은 진행자가 되기에 악조건이었지만 그런 단점을 오히려 적절히 극대화시켜 자신만의 개성으로, 더 나아가 프로그램의 특색으로까지 창출했다. 이런 '위기 전환'은 어떻게 가능할까?

강호동은 끊임없이 연구하는 유형이다. 자신의 전부를 개혁하려고 하기보다 자신의 특징은 그대로 살린 채 부족한 점을 보완하는 '리노베이션' 유형이다.

그래서 강호동의 진행 스타일은 초창기와 현재를 비교해 보면 상당히 다르지만, 조금씩 변화시켜 나갔기 때문에 표시가 잘 나지 않는다.

'승자독식'이라고 하지만 정상에 오른 후에는 자신의 노하우를 후배들에게 나눠 줄 줄 아는 포용력도 가졌다. 후배들을 관찰해 각각의 특성을 찾는 일도 게을리 하지 않는다.

〈1박 2일〉에서 강호동이 "승기야!", "몽아!" 하는 것은 호칭이 아니라 일종의 연기다. 후배들이 부각될 수 있는 지점을 찾아 나가는 과정이다. 강호동은 멤버들을 돋보이게 할 수 있는 각종 시도를 하다가 이거다 싶으면 밀어붙인다. 다섯 명의 후배들에게 업무와 권한도 적절하게 위임하고 있다. 사실 팀원들의 숨겨진 재능을 찾는 일은 리더의 중요한 덕목이다.

요즘 팀장은 업무 능력보다 인적 자원을 어떻게 활용할 수 있느냐가 훨씬 더 중요한 자질로 평가된다. 개개인의 능력은 뛰어나지만 이를 조화롭게 통합할 수 있는 인물은 드물기 때문이다.

《조조와 유비의 난세 리더십》을 쓴 나채훈 씨는 "리더십에는 자신의 능력만이 경쟁 우위를 좌우하는 전문가형 리더십이 있고, 각 개인의 성장과 개발을 북돋음으로써 조직에 확실한 가치관을 형성하는 인적자원형 리더십이 있다."고 말했다.

강호동은 초창기에는 전문가형 리더십에 매진했지만 이제는 인적자원형 리더십을 지향한다고 볼 수 있다.

다양한 개성을 가진 사람들이 함께 어울려 최고의 성과를 내는 21세기 조직 사회에서는, 팀원과 노하우를 공유하고 팀원 개개인의 능력을 살려 주는 강호동식 리더십이 필요하다.

ACTION CODE

강호동에게 배우는, 성공하는 팀장의 액션 코드!

01 팀원의 특성을 파악하자

우선 팀원 개개인의 특성과 성격을 파악해야 한다. 저마다 강한 개성을 가진 팀원들이 똘똘 뭉쳐 공동의 목표를 향해 뛰려면, 팀원의 특성을 먼저 파악하는 것이 무엇보다 중요하다. 사람마다 자신의 기량을 잘 발휘할 수 있는 분야가 있고 그렇지 못한 분야가 있기 때문에 팀원의 특성과 성격에 따라 업무를 분담하면 더 좋은 성과를 낼 수 있다.

02 마음을 열고 경청하라

아무 의견도 내세울 수 없는 '묻지 마 회사' 만큼 일의 능률을 떨어뜨리는 곳도 없다. 팀원이 자신의 생각을 자유롭게 말하고, 스스로 존중받고 있다는 생각이 들도록 마음을 열고 한 사람 한 사람의 말을 적극적으로 듣자.

03 칭찬은 가장 큰 보약이다

야근까지 불사하고 열심히 일하는데 아무 보상이 없다면 즐겁게 일할수가 없다. 팀원이 자신감을 가지고 자신의 능력을 최대한 발휘할 수 있도록 칭찬할 땐 진심을 담아 칭찬하라.

04 분명하고 솔직하게 지적한다

5분, 10분 습관적으로 지각하는 직원, 엉성하게 일처리를 하는 직원, 열심히는 하는데 업무 능력이 떨어지는 직원, 늘 무언가 일을 하는데 제시간에 마치지 못해 허둥대는 직원 등등 여러 명의 팀원과 일하다 보면 팀원 개개인의 문제를 바로잡고 이끌어 줘야 할 순간들이 온다. 이 때는 곧

바로 지적부터 하기보다 충분히 있을 수 있는 일이라며 분위기를 부드럽게 유도한 후, 부족한 면이나 잘못한 부분에 대해 분명하고 솔직하게 알려주어야 한다. 최강 팀장은 팀원의 가능성을 끌어올리고 성과를 극대화해 유능한 사원으로 키워 낸다.

김제동, 꾸준해야 이긴다

자신의 강점부터 파악하라

한국 예능 엠시는 개그맨, 코미디언 출신이 많다. 씨름 선수인 강호동, 가수 출신인 탁재훈과 신정환 등 몇 명을 제외하면 대부분이 개그맨들이다. 김제동은 이런 흐름과 약간 다르다. 그는 레크리에이션 강사 출신이다.

김제동은 스스로에 대해 연기력이 없음을 인정한다.

"저는 개그맨이나 코미디언이 아닙니다. 신동엽, 이경규, 유재석, 강호동 씨처럼 연기력이 뛰어난 엠시와는 달라요. 레크리에이션 무대에서는 제가 10전 10승이지만 방송에서는 제가 이들보다 떨어집니다."

하지만 김제동은 불과 1~2년 만에 버라이어티 예능계에 안

착했다. 그는 가능한 한 가학적인 방식으로 웃음을 만들어 내지 않고, 겸손함을 유지하며, 서민적인 코드로 자신만의 색깔을 만들었다.

경북 영천에서 태어나 대구 달성고를 거쳐 계명문화대학 관광과를 졸업한 김제동은, 1994년 문선대 사회자로 데뷔한 이후 대구에서 이벤트 엠시로 이름을 날리고 있었다. 그러던 중 2002년 KBS 〈윤도현의 러브레터〉의 막간 바람잡이 엠시로 지상파 방송에 진출한 뒤 1년 만에 예능계를 깜짝 놀라게 했다.

그는 〈윤도현의 러브레터〉외에도 〈폭소 클럽〉과 〈해피 투게더〉, SBS 〈콜럼버스 대발견〉과 〈야심만만〉, MBC 〈까치가 울면〉 등의 진행을 맡아 지상파 3사를 누비며 고속 성장했다. 이후에도 전성기가 끝나기는커녕 자신의 영역을 특화하며 승승장구했다. MBC 〈눈을 떠요〉와 〈산넘고 물건너〉, KBS 〈지금 만나러 갑니다〉 등 소외 계층을 위한 공익 오락 프로그램은 김제동을 빼 놓고는 생각할 수가 없게 됐다. 시골 촌부나 할머니, 할아버지는 지금도 김제동이 오기를 기다리고 있다.

그리고 오락 프로그램 중의 오락 프로그램인 〈연예가 중계〉의 엠시까지 맡게 됐다. 데뷔 5년 만인 2006년에는 〈KBS 연예대상〉에서 대상을 거머쥐기까지 했다. 그는 요즘도 4개의 지상파 오락물을 맡아 안정적인 진행을 보여 주고 있다.

사실 말이 쉽지 김제동처럼 예능 엠시로 성공하는 건 결코 간단하지 않다. 요즘 오락 프로그램을 주름잡는 연예인 중에는 과거 개그맨에서 업종 전환한 사람들은 많아도 현역 개그맨은 거의 없다. 〈개그 콘서트〉를 통해 개그맨으로 정상에 올랐던 갈갈이 박준형도 아직 오락 프로그램 엠시로서 완전히 뿌리내리지 못한 상태다.

그렇다면 김제동은 어떻게 방송 진출 몇 년 만에 예능 엠시로 성공할 수 있었던 걸까?

김제동이 예능 엠시로 성공한 요인은 바로 풍부한 입담이다. 대구 등지에서 레크리에이션 강사로 10년간 실전 경험을 쌓으며 충실하게 기본기를 익혔기 때문에, 딱 부러진 개인기 없이도 정상급 예능 엠시로서 자리 매김할 수 있었다.

성공을 긷는 나만의 창의력 발전소

그의 재담은 폭넓은 독서와 꼼꼼한 신문 읽기에 있다. 실제로 그는 연예계에서 손꼽히는 독서광이다. 팬의 선물은 거절하지만, 만약 꼭 하시려거든 책으로 달라고 말할 정도다. 최근에는 고향 학교 마을 도서관 캠페인에 선뜻 1억 원을 기부했다. 그만큼 김제동의 책 사랑은 각별하다.

김제동과 광화문의 한 식당에서 인터뷰를 하며 요즘 무슨 책을 읽고 있는지 물어봤다. 그는 알랭 드 보통의 《여행의 기술》을 읽었다고 했다. 그러면서 고흐의 프로방스 지방 안내로 '아름다움을 소유하는 방법'을 알려 주는 게 인상적이었다는 말을 곁들였다. 독서야말로 김제동의 '창의력 발전소'인 셈이다.

김제동은 특정 장르를 가리지 않고 잡식성으로 책을 읽는다고 한다. 책을 읽고 나면 생각을 많이 한다는 말도 곁들였다. 주변 선배들과 대화 중에서도 아이디어를 많이 얻는다고 한다.

그뿐 아니라 매일 아침 3~5개의 일간지를 챙겨 읽는다. 기사와 사설 등 웃음의 소재가 될 만한 부분을 스크랩해 밑줄을 긋고, 자신의 느낌이나 의견을 적어 다음에 진행할 때 활용한다. 신문 활용을 잘해 2006년에는 한국신문협회가 선정한 '올해의 신문 읽기 스타'로 뽑히기도 했다.

김제동이 행사장이나 방송에서 각종 비유와 묘사로 선보인 말이 '김제동 어록'이라는 편집 파일로 만들어질 수 있었던 것도 이 때문이다. 그는 책과 신문, 인터넷, 동료 선배와의 대화에서 얻은 내용을 바탕으로 해 자신만의 화법을 구성하는 능력이 탁월하다. 김제동과 〈스타 골든벨〉을 함께 진행했던 박지윤 아나운서도 "김제동 씨는 멘트 하나하나에 공부를 많이 한다는 느낌을 받았다."고 말한다.

특히 그는 명언을 적재적소에 구사하는 것으로 유명하다. 〈윤도현의 러브레터〉에서 프러포즈하는 법을 배우던 한 남자가 무릎 꿇는 것을 망설이자 "남자가 무릎을 꿇는 것은 사랑하는 사람을 가진 자만의 특권"이라고 말해 어색한 분위기를 누그러뜨렸다. 김제동은 한 인터뷰에서 혹시 성형을 고려한 적이 없느냐는 질문을 받고는 즉석에서 "칼은 도마 위에 있어야죠."라고 재치 있는 답변을 하기도 했다.

또 KBS 공개 녹화 중에는 이런 일도 있었다. 진행자인 김제동이 관객들에게 선물을 소개하고 추첨을 통해 나눠 주고 있었다. 그런데 연인끼리 온 사람들에게는 선물을 주지 않았다. 누군가 이유를 묻자, 그 사람들에게는 "지금 옆에 계신 분이 하늘이 내려 준 가장 큰 선물이기에 선물을 주지 않았습니다. 행복하십시오."라고 말해 관객의 마음을 훈훈하게 만들었다.

가수 god 콘서트에서는 게스트로 참여해 김태우에게 "전 개인적으로 태우 씨를 아주 좋아합니다. 제가 여자로 태어나면 태우 씨와 결혼할 겁니다. 해 주실 거죠?" 하고 말해 놓고는, 김태우의 반응을 살핀 뒤 "그 대신 이 모습 그대로 태어날 겁니다."라고 말해 관객을 웃음바다로 만들었다.

"네 잎 클로버의 꽃말은 '행운'이죠. 우리는 네 잎 클로버를 따기 위해 수많은 세 잎 클로버들을 짓밟고 있어요. 그런데 세 잎 클로버의 꽃말이 무엇인지 아시나요? 바로 '행복'이랍니다. 우리는 수많은 행복 속에서 행운만을 찾고 있는 게 아닐까요."

이 밖에도 김제동의 어록은 정말 다양하다. 그의 어록은 한때 인기 검색어 1위에 오르며 인터넷을 달구기도 했다.

독서를 통해 생각을 유연하게 만드는 것, 끊임없이 자기 계발을 하는 것. 좀더 나은 미래를 준비하는 사람이라면 독서든 운동이든 동호회 활동이든 자신만의 '창의력 발전소'를 두는 것이 중요하다.

겸손한 유머로 호감을 사다

똑똑한 사람은 잘난 체하기 쉽고 그래서 얄밉게 보일 수도 있다. 하지만 김제동은 대학생이 뽑은 '창의력이 가장 뛰어날 것 같은 연예인 1위'에 오를 정도로 뛰어난 머리를 지니고서도 늘 겸손하다. 항상 '죄송합니다'와 '감사합니다'를 입에 달고 다닌다.

〈윤도현의 러브레터〉에서 리플 코너를 담당할 때 무대에 올라오면서도 몇 번씩 절을 한 모습을 많은 시청자들은 기억하고 있을 것이다. 그는 똑똑하면서도 겸손함을 유지하며 서민적인 코드로 자신만의 색깔을 만들었다.

특히 김제동은 사람들을 웃길 때도 자신만의 원칙이 있다. 남을 웃길 때는 가능한 한 가학적인 방식으로 억지웃음을 만들지 않으려고 한다. 하지만 유머러스한 상황을 만들려면 자신을 낮추거나 남을 깎아내리는 것이 어느 정도는 불가피하다. 그런데 김제동은 남을 깎아내린 경우에도 반드시 제자리에 갖다 놓는다. 일반인을 무대에 불러 놓고 외모로 웃겼다 해도 "기분 안 나쁘셨죠. 저 같은 외모로도 사는데요." 하는 식으로 분위기를 누그러뜨려 준다.

김제동은 방송에서 자신의 외모로도 웃음의 소재를 기꺼이 제공하므로 상대방을 놀릴 수 있는 범위가 넓어지는 것이다. 〈일요신문〉의 조성아 기자는 이를 '뻘밭 개그'라고 표현했다. 처음에 가학적으로 사람들을 대하다가 나중에 자신은 더 망가지며 상대를 포장해 주고 양해를 구하는 개그를 많이 하기 때문이다.

조 기자는 한 연예 관련 방송 프로그램에 출연해 "김제동 씨는 외모를 가지고 사람들에게 가학적으로 말해도 당하는 사람들이 별로 싫어하지 않습니다. 아유, 피부가 왜 그래요. 애인 없죠? 그러면 사회자도 애인 없죠? 그러면서 같이 웃는 식입니다. 속으로 '지는 오죽할까' 그렇게 생각하지 않겠느냐고요. 만약 김제동 씨가 잘생겼다면 '그래 넌 잘생겼다 이거지?' 이렇게 받아들이겠죠. 이렇게 뻘밭에 들어가 먼저 흙 묻히고 들어오라 그러니 사람들이 거부하지 않고 들어가 같이 진흙 던지고 뒹굴면서 놀 수 있는 것이죠."라고 김제동식 개그의 한 성격을 설명했다.

지극히 평범하고 서민적인 외모지만, 그는 오히려 이 서민적인 외모를 경쟁력으로 바꾸었다. 한 설문 조사에서 '가장 구수하고 편안한 느낌의 연예인 1위'로 뽑히기까지 했으니 말이다.

김제동에게는 기본적으로 인간에 대한 배려가 바탕에 깔려 있다는 점도 그를 신뢰하게 하는 요소다.

연예인들을 보다 보면 좋은 이미지를 유지하기 위해 의도적으로 겸손함과 성실함을 보여 주려는 듯한 느낌을 받곤 하는데, 김제동은 이런 점들이 몸에 배어 있다는 느낌이 든다. 상대를 놀리는데도 재미있게 받아들여진다는 것은 아무나 할 수 있는 게 아니다. 삶에 대한 내공과 타인에 대한 애정이 바탕에 깔려 있어야 가능하다.

이런 김제동에 대해 박지윤 아나운서도 한 인터뷰에서 "출연자나 엠시들을 최대한 살려 주는 신사예요. 그리고 무엇보다 진행할 때 보면 정말 겸손해요. 앞으로 김제동 씨의 성실성과 겸손함을 많이 배우려고 해요."라고 말한 적이 있다.

원칙에는 엄격해도 적을 만들지 않는다

하지만 그의 개그 성격도 시간이 가면서 조금씩 바뀌고 있다. 반듯했던 사나이가 〈스타 골든벨〉에서는 게스트의 사적인 이야기를 들춰내고, 초창기 '김제동 어록'이라 할 만한 명언들도 별로 없다. 김제동이 초심을 잊은 것 아니냐는 의견도 간간이 나온다. 김제동을 인터뷰하면서 이에 대한 이유를 들어 봤다.

"요즘은 버라이어티 예능물에서 맡는 역할이 보조 엠시다 보니까 이야기를 들어야 하는 입장이죠. 계속 행사 진행하듯이 제 이야기를 할 수는 없습니다. 저는 좋은 이야기의 전달자 역할에 국한합니다. 예능 프로그램을 음식으로 비유하면, 작가는 주방장이고 저는 웨이터인 셈이죠. 웨이터가 말을 너무 많이 해도 안 됩니다. 추천 메뉴를 알려 주는 정도를 넘어서지 말아야 된다고 생각합니다."

김제동은 원리 원칙의 힘을 믿고 거기서 융통성을 취하는 부류다. 쉽사리 변하는 스타일은 아니다.

언젠가 나는 김제동과 살짝 다툰 적이 있었다. 바로 원칙과 관련된 문제였다. 그는 지켜야 할 원칙에 있어서는 좀처럼 양보하지 않는 스타일이다. 하지만 그 원칙만 지킨다면 김제동처럼 편한 상대가 없다.

등산을 좋아하는 그는, 산에서도 담배꽁초를 버리는 사람들과 숱하게 언쟁을 벌였다고 한다. 하지만 말다툼을 하고서도 다툰 사람과 더욱 친해지는 사람이 김제동이다. 그는 나와 다투고 오히려 더 친해졌다.

김제동은 물에 술 탄 듯, 술에 물 탄 듯한 사람은 절대 아니다. 연예인이니까 이미지를 위해 좋은 게 좋은 것 아니냐는 식으로 접근해서는 안 되는 사람이다. 하지만 자신이 하고 싶은 말을 다해 의사를 관철시키고도, 사람을 질리게 만들지 않는 김제동의 내공은 정말 대단하다. 한번쯤 배워 보고 싶은 '통섭의 리더십'이다.

나눔은 가장 아름다운 습관

태어난 지 백일도 되기 전 아버지를 여읜 김제동은, 레크리에이션 강사로 일하며 스스로 학비를 마련해 학창 시절을 보내는 등 누구보다 힘든 과정을 거쳤다. 가난을 몸소 체험한 그가 어떻게 자주 1억 원이라는 큰돈을 선뜻 내놓을 수 있을까?

"큰돈을 기부할 때는 술 먹고 해당 기관에 전화해 약속부터 해 버려요. 그래야 나중에 어쩔 수 없이 돈을 내게 되거든요."

유머가 깃든 표현이지만 그의 솔직하면서도 인간적인 면모를 읽을 수 있다.

김제동은 오래전부터 기부와 사회 환원 등에 관해서는 확고한 자기 철학을 갖고 있다. 그는 방송 초창기에 자신은 가난해서 가진 것은 꿈뿐이라고 말했다. 갑자기 돈을 많이 벌어 큰돈을 내놓는 게 아니라 오래전부터 관심을 둔 분야여서 꾸준히 도움을 주고 있다는 것이다. 방송에 데뷔하기 전부터 모교인 달성고에 매년 장학금 1천만 원을 기부해 왔으며, 〈눈을 떠요〉 진행 당시 자신의 각막 기증 서약에 이어, 2006년 여름 장마 때 친동생처럼 지내는 이승엽 선수와 함께 수재의연금 3천만 원, 2006년 연말 불우 이웃 돕기로 〈느낌표〉 출연료 1억 원, 〈느낌표〉 촬영 당시 가정 형편이 어려운 인하대 합격생 등록금을 내주고, 2007년 4월 소년소녀가장을 위해 1억 원, 2008년 1월 고향 도서관 짓기 캠페인에도 1억 원을 기부했다.

김제동은 인생의 목표도 구체적이다. 말로 소통하는 일은 방송 활동을 그만두고 나서도 계속할 계획이다. 그래서 요즘도 대학에서 출강 요청이 오면 열심히 나간다. 6년 만에 겨우 대학을 졸업한 자신이, 학생들 앞에서 강의한다는 게 쑥스럽기도 하지만 자기 인생을 그대로 이야기하면 공감하는 사람들도 많아 보람이 느껴진다고 한다.

그의 중장기 목표 중 하나는 고향과 가까운 대구에 대안 학교를 세우는 일이다. 학생들과 마음껏 레크리에이션도 하고 즐겹게 놀면서 공부할 수 있는 공간을 짓는 것이다. 아직 레크리에이션 강사로 최고임을 자부하는 그는, 교장이 직접 마이크 잡고 사회를 보며 수업을 진행하는 일은 상상만 해도 즐겁다고 한다.

대안 학교에 관해 포부를 밝히는 그의 자세가 너무 진지하면서도 신이 나 있어, 그에게 "그때 저에게도 특강을 할 수 있는 기회를 달라."는 말로 응수했다.

김제동은 대안 학교 설립은 돈이 많이 들어가는 일이라 앞으로도 열심히 벌어야 한다고 말했다. 꿈이 있는 사람은 의욕이 넘치고 하루하루가 즐겁다. 시계 따위 보지 않는다.

김제동은 대화를 하면 할수록 비유와 묘사의 달인이라는 생각이 든다. 현학적으로 보이려고 일부러 그러는 것이 아니라 군더더기 없고 적재적소에 터진 표현이라는 점을 금방 알 수 있다. 최고의 엠시가 되기 위해 자기 수련을 많이 한 사람이라는 느낌이 든다. 그러면서도 구수하고 편안하다.

그는 어려운 환경에서도 현실을 긍정하며 객관적으로 자신을 바라볼 수 있는 힘을 길렀다. 지금 자신의 꿈을 향해 한 계단 한 계단 전진하는 사람들에게 귀감이 되기에 충분하다.

처음부터 천부적인 능력을 타고나는 사람이 얼마나 될까? 사람을 크게 성장시키는 동력은 언제나 후천적인 노력에 있다.

세상의 모든 지혜를 얻을 것처럼 항상 더 나은 나, 더 훌륭한 노하우를 갖기 위해 고군분투하라. 독서를 통해 한 줄 지식이라도 더 탐하고, 사람을 통해 보배 같은 경험을 내 것으로 소화하라. 모든 사람은 '다른 세계를 향해 열려 있는 문'이란 말도 있지 않은가. 기업이든 개인이든 현재 위치에서 더 성장하고 싶다면 끊임없이 배우고 단련하고, 이것을 습관화해야 한다.

김제동은 지독한 책벌레다. 연예인이라서, 자신의 평판을 위해서 소극적인 관계 맺기에 연연하지 않고, 일반 대중들과도 폭넓은 관계를 유지한다. 전국의 명산을 다니며 두루두루 사람을 만나고, 대학 강단에 서서 다양한 젊은이들과 소통한다. 그는 이러한 능동적인 노력이 성장의 밑거름이 되리란 걸 잘 알고 있다. 시기적절하면서도 명쾌한, 김제동식 화법은 그렇게 해서 길러진 것이다.

엠시로서는 약점일 수밖에 없는 부정확한 발음을 지니고 있음에도 촌철살인에 가까운 뛰어난 언변과 인간에 대한 예의, 따뜻한 성품, 그리고 친화성으로 약점을 뛰어넘어 최고의 엠시로 발돋움하고 있는 김제동.

미국의 성공한 사업가 도널드 트럼프Donald J. Trump는 "어떤 일이든 열정이 있다면 90퍼센트의 문제를 해결할 수 있다."고 말했다. 처음부터 '난 재주'는 없다. '난 사람'이 모두 성공하는 것도 아니다. 열정적으로 새로운 것을 배우고 꾸준히 자신을 단련시켜야만 '난 재주'를 넘어 누구도 따라올 수 없는 최고의 전문가가 될 수 있다.

03

카멜레온
근성으로
승부하라

변화는 늘 시시각각 우리의 뒤통수를 노린다. 위기를 성공의 기회로 만들 수 있느냐 없느냐는 변화의 징후를 읽을 수 있느냐 없느냐에 달려 있다. 변화에 유연한 사람은 남과 다른 생각, 남과 다른 전략으로 경쟁에서 우위에 선다. 유연한 사고를 갖고 창조적 발상을 하라. 생각이 말랑말랑해지면, 무엇으로 자신의 미래를 만들어 가야 하는지, 자신만의 차별화 포인트는 어떤 것인지가 똑똑히 보인다.

이경규, 변화의 속도까지 읽는다

썩어도 준치, 시간이 흘러도 빛난다

개그맨 겸 예능 엠시 이경규는 스무 해 넘게 텔레비전 오락 프로그램에서 현역으로 살아남아 활동 중이다. 개그맨으로서는 한물간 나이임에도, 그는 여전히 오락 프로그램의 주역을 맡고 있다. 1981년 MBC '개그 콘테스트'로 데뷔했으니 햇수로만 28년째다. 그가 남긴 히트 코너와 유행어만 해도 셀 수 없을 정도다.

이경규는 80년대 이후 한국 코미디에서 빼놓을 수 없는 사람이다. 〈몰래 카메라〉〈양심 냉장고〉 등으로 전 국민적 화제를 모았고 최근까지도 〈라인 업〉〈퀴즈! 육감 대결〉〈간다 투어〉〈도전 예의지왕〉을 진행했다.

그의 히트작에는 공통점이 있다. 상세한 대본 없이 애드리브로 승부한다는 점이다. 이경규는 언제 어느 상황에 갖다 놓아도 웃길 수 있다는 게 방송가의 중론이다. 그가 이렇게 리얼리티 오락 프로그램에서 웃음을 자아낼 수 있는 힘은, 뛰어난 순발력 때문이지만 이것만으로는 그의 장수 이유를 설명하기에 부족하다.

그는 일반 스타와 다른 행보를 걸었다. 보통 오락 프로그램에서 스타로 뜨면, 한동안 겹치기 출연을 일삼다 어느 순간 불러주는 데가 없게 돼 슬럼프에 빠지는 게 일반적인 코스다.

그러나 이경규는 이런 열악한 오락 프로그램의 매커니즘을 어느 정도 극복했다. 그는 어느새 정상 자리를 김용만이나 신동엽, 유재석, 강호동, 김제동 등에게 살짝 넘겨주고 자신은 '주연 같은 조연'을 맡고 있다.

역할이나 비중 면에서는 밀려나는 듯 보이지만 파워는 그다지 줄지 않았다. 오히려 스타가 나이 듦을 자연스럽게 받아들이는 과정이 참 보기 좋다. 특히 나이 들어감에 따라 역할 변경을 시도함으로써 권력화에서 비껴 난 모습도 신선하다. 카리스마가 강하다는 평가가 어느새 독재자처럼 행동한다는 말로 바뀔 수 있는 자리가 한국 오락 프로그램의 엠시이기 때문이다.

이경규는 이런 고민의 해법을 전성기였던 1998년 감행한 일본 유학에서 어느 정도 찾은 듯하다. 일본은 중년층 코미디언이 인기 순위 5위에도 들고 연예계 고수입 순위 톱 10에 이름을 올린다. 지금도 뛰어난 아이디어와 언변으로 일본 코미디계의 거장으로 꼽히는 이는 50대 후반의 비토 다케시다. 실제로 이경규는 코미디의 '감'을 잡는 데 일본 유학이 많은 도움이 됐다고 한다. 그에게 이제 연예대상은 큰 의미가 없다. '코미디계의 거목'이라는 표현도 부담스럽다.

틈새를 노리는 순발력

그는 달변가가 아니다. 경상도 톤으로 "그런데 말이죠."를 반복한다. 결코 세련된 화술이라고 할 수 없다. 그러나 애드리브성 토크에는 누구보다 강하다.

'다혈질 개그'로 굳은 그의 이미지는 식상할 때도 됐건만 여전히 자연스러워서 웃음을 준다.

김정운 명지대 교수는 "정보와 정보들의 관계를 새롭게 만들어 주고, 우리가 익숙해서 느끼지 못한 정보들의 맥락을 바꿔 줌으로써 낡은 정보를 새롭게 가공하는 것"이 창의성과 유머의 발생 원리라고 정의했다. 유머는 익숙한 것의 방향을 바꾸는 데서 시작한다. 익숙한 것을 낯설게 보는 것이 유머의 발생 원리며, 이는 곧 창의성으로 연결된다.

그동안 시청자에게 익숙할 대로 익숙해진 수상 소감은 "어머니, 아버지, 아내에게 감사한다.", "나를 믿어 준 아무개 피디님, 소속사 사장님, 코디 언니 등 우리 식구에게 고마움을 전한다."와 같이 나열형이었다.

그간의 수상 소감들이 너무 뻔해 식상했기 때문에 새로운 소감을 밝히려는 창의적인 시도가 있어 왔다. 그중 가장 돋보였던 수상 소감이 배우 황정민의 '밥상 소감'이다. 아직도 밥상론을 변형한 소감들이 나오고 있다.

지난 연말에는 연인의 이름을 부르며 사랑을 받아 달라고 프러포즈하는 여성 개그맨, 아이의 돌잔치 날짜를 밝히며 참석을 부탁하던 남성 개그맨 등 튀는 수상 소감이 간간이 나왔다. 그중 유머를 활용한 이경규의 연말 수상 소감은 단연 돋보였다. 지난 연말 열린 〈SBS 방송연예대상〉에서 대상 후보에 올랐던 이경규는, 남자 진행 부문 'TV 스타상'을 수상하면서 상은 절대 2개 주지 않는다는 것을 알고 있다. 이제 대상은 물 건너갔다며 상을 받고도 이 찝찝한 기분을 버릴 수가 없다고 말해 방청석에 있던 동료 예능인들과 시청자를 활짝 웃게 했다.

이날 대상을 수상한 강호동이 "우스운 사람이 아닌 웃기는 사람이 되라던 개그 철학을 가르쳐 준 이경규 선배님 감사합니다. 저의 영원한 무릎팍 도사입니다."라고 감격에 겨운 수상

소감을 발표할 때, 이경규가 자리에서 일어나 두 손을 번쩍 들고 오버했던 것도 이경규니까 자연스럽게 나올 수 있지 않았을까 하는 생각이 든다.

　이경규는 유머의 발생 원리를 잘 아는 사람이다. 그는 작위적으로 튀는 전략을 쓰지 않고도 우리 주변의 일상생활에서 빈틈을 찾아 재미를 준다.

　몇 년 전, MBC 〈일요일 일요일 밤에〉에서 힘든 게임을 하다

탈진 상태에 놓인 출연자들에게 진행자가 마이크를 갖다대며 아내에게 하고 싶은 말을 한마디씩 해 보라고 했다.

출연자들은 대부분 "여보, 고생시켜서 미안해.", "여보, 사랑해" 하면서 공식적인 발언으로 일관했다. 하지만 이경규는 "여보, 내가 지쳤어. 개그해도 웃기지도 않고. 나 대신 나가서 돈 좀 벌어 와."라고 다소 짜증 반 호통 반으로 얘기했다. 보통 남편들이 집에서 아내에게 한번쯤 했을 법한 이 평범한 발언이 웃음을 유발할 수 있었던 것은 바로 일상 속에서 공감할 수 있는 내용이었기 때문이다. 그래서 28년째 텔레비전 예능물에서 현역으로 활동 중인지도 모른다.

악착같이 일해도 즐기는 사람 못 당한다

일상적인 소재로 웃음을 유발하는 것이 말처럼 쉬운 일은 아니다. 그러려면 상당히 디테일해야 한다. 이경규는 개그의 소재를 어디서 얻는 것일까?

억지로 머리를 쥐어 짜는 것은 안 한다고 한다. 굳이 새롭고 특별한 개그를 찾지 않는다는 것이다.

대신 혼자만의 시간을 가지면서 사색을 많이 한다. 나이답지 않게 상상을 즐기기도 한다. 낚시를 자주 가는 것도 생각하는 시간을 갖기 위해서다. 낚시도 젊은이들 사이에서 유행하는 스포츠 피싱이 아니라 대낚시로 붕어를 잡는, '기다리는 낚시' 다.

책과 신문도 대충 본다고 한다. 다른 오락 프로그램도 충실히 보지 않는다. 남의 것이기 때문이다.

이경규는 독자적인 상상을 많이 해 온전히 자기 것으로 만드는 데 주력한다. 하지만 상상이 공상으로 연결되지 않도록 하는 게 중요하다고 한다. 그 상상이 생활 속의 공감대를 낳도록 해야 한다는 것이다. 그에게 개그는 배워서 하는 게 아니라 동물적 감각으로 하는 것이다. 그런 감각이 연륜을 만나 자연스러워진 것이다.

그렇다고 자신의 감각만 믿고 마냥 녹화에 임하지는 않는다. 사전 회의 역시 열심히 참석한다. 회의에서는 스토리를 완전히 만드는 게 아니라 기본 콘셉트만을 잡고, 현장에서 애드리브로 살을 붙인다. 일상적인 대화로 웃음을 유발하는 개그 방식은 그에게 이제 생활이 되었다.

지난해 〈상상 플러스〉에서 평소 아내에게 이벤트를 자주 해 주느냐는 사회자의 질문에, 자신은 이벤트 세대가 아니고 아날로그 세대라면서 이벤트는 평생 결혼식과 환갑잔치 두 번이면 된다. 아내에게 이벤트를 자주하는 최수종은 '공공의 적' 이라고 말해 아날로그 세대의 공감과 웃음을 자아냈다. 이처럼 이경규는 일상적인 대화에서 웃음의 소재를 찾는 '틈새 개그' 를 잘한다.

이경규는 인생이란 기획된 삶이 아니라고 말했다. 자신도 겨우겨우 지금까지 왔다고 했다. 기대했던 프로그램이 잘 안 돼 고민한 적도 많았다고 한다. 그런 자신이 그래도 지금까지 장수할 수 있었던 것은 오로지 성실함 때문이라고 회고했다.

"일본 연수 1년을 제외하면 24년의 방송 기간 동안 한 번도 녹화를 펑크 낸 적이 없고 방송 미팅조차 늦은 적이 없어요. 성실성이 제 삶의 원동력이죠."

이는 아버지에게 물려받은 자산이라는 말도 곁들였다. 부산의 미군 부대에서 45년간 근무한 그의 부친은 '가장 성실한 직원'으로 뽑혀 부대에서 발행하는 잡지 표지 모델이 되기도 했다.

하지만 이경규는 성실하게 하되 방송 자체에 임할 때는 너무 열심히, 악착같이 하면 안 된다는 철학을 갖고 있다. 대충대충 놀면서 즐기며 일해야 보는 사람들에게 부담을 주지 않는다는 것이다. 실제로 너무 열심히 한 녹화 장면은 편집 때 잘라 달라고 담당 피디에게 부탁한다. 최선을 다하는 건 뒤에서 보여 주면 된다.

"아마추어들로 구성된 조기 축구를 보면 정말 열심히 뛰지만 악착같이 애쓰는 모습을 보는 게 힘들 때가 많아요. 반면 프로들이 뛰는 영국 프리미어 리그 축구는 아주 매끄럽습니다.

복싱 신인왕전은 4라운드 내내 탈진할 정도로 열심히 싸워요. 보기 무서울 정도죠. 하지만 노련한 중남미 프로 복싱 세계 타이틀전은 대충하는 듯하지만 정말 잘해요."

그는 방송을 할 때도 늘 이런 생각으로 임한다고 한다. 부담감을 함께 떠안겨 주는 웃음은 진짜 웃음이 아니라고 말이다.

자신만의 화법 만들기

이경규가 MBC 〈무릎팍 도사〉 코너에 출연한 다음날 올라온 기사 수는 무려 50여 개에 달했다. 갖가지 제목을 달고 있는 이 기사들은 대부분 재미있다는 내용을 담고 있었다. 하지만 이날 방송에서 그가 엄청난 사실을 털어놓았거나 대단한 달변을 보여 준 건 아니었다. 그 전주에 출연해 단 한 개의 기사를 낳았던 다른 연예인과 크게 대조되는 모습이다.

그렇다면 이경규의 화법에는 뭔가 특별한 점이 있는 게 아니냐는 소리가 나올 만하다. 뛰어난 달변이 아니라도 사람들의 이목을 확 잡아끄는 화법은 분명히 있다.

〈무릎팍 도사〉는 게스트를 난감하게 하는 질문을 던져 기존 토크쇼와 차별을 꾀한 코너다. 이런 난감한 질문에 대한 답변 중 사람들이 가장 싫어하는 유형이 피해 가기와 변명으로 일관하기다.

사실 '규 라인(이경규가 데뷔를 시키거나 키워 줘서 스타급 엠시가 된 사람들을 지칭하는 말)'은 듣기에 따라서는 부정적인 의미를 내포할 수 있다. 줄 서기, 패거리 문화를 연상시키기 때문이다.

하지만 이경규는 규 라인에 대해 질문할 때 굳이 부정하지 않았다. 오히려 개그맨 유세윤이 우리 라인에 들어왔으면 좋겠다고 생각했지만 떠내려 갔다며 오히려 여유까지 보였다. 이어 강호동이 왜 그때 유세윤을 잡지 않았느냐고 묻자 잡으면 내가 떠내려 간다고 익살스럽게 응수했다.

만약 그가 이날, 규 라인의 존재를 부정하거나 변명을 했다면 그의 이미지는 손상을 입었을 것이다. 이날 발언 덕분에 누리꾼들은 규 라인의 연봉을 합치면 얼마가 되는지 계산해 보는 재미까지 줬다. 또 실시간 인기 검색어 순위 1위까지 올랐다.

이경규가 오락 프로그램의 맥을 잘 짚는 건 정평이 나 있다. 지금은 종영한 〈불량 아빠 클럽〉에서도 이경규는 '방목형' 불량 아빠 이미지로 가장 빨리 캐릭터를 구축했다. 말을 많이 한다고 해서 캐릭터가 만들어지는 게 결코 아님은 그 프로그램의 다른 출연자들을 보면 알 수 있다.

그는 또 오락 프로그램이라도 적절히, 아주 절제하는 선에서 소신을 펼치기도 한다. 〈몰래 카메라〉에 대한 비판에 대해 〈몰래 카메라〉가 온 가족이 보는 프로그램인데도 오버한 적이 있다고 말했다. 하지만 옛날 오락 프로그램은 오락으로 끝났는데 요즘은 오락에서 자꾸 의미를 찾으려 한다며, 오락물은 오락다워야 하고 무엇보다 즐거워야 한다고 자신의 오락관을 피력하기도 했다.

솔직함을 미덕으로 여기는 요즘, 가식 없는 토크를 한답시고 무리하다가는 '비방용(방송에 나갈 수 없는 대사나 상황)'으로 편집되는 경우가 많다. 하지만 이경규는 솔직 토크의 최대치를 활용할 줄 아는 재주를 지녔다.

얼마 전, 이경규에게 은퇴 계획이 있느냐는 질문을 했었다. 이에 그는 "60세가 되면 지금보다 훨씬 더 잘할 수 있을 것 같아요. 그 나이가 되면 마음속에 있는 이야기를 좀더 자유롭게 하고 성적인 얘기를 해도 시청자들이 봐 주실 거 같아요."라고 말했다.

대충대충 놀면서 하는 것처럼 보이는데도 프로그램의 맥을 제대로 짚을 줄 아는 그의 커뮤니케이션 능력은, 대단하다고 말할 수밖에 없다.

변화에 유연해져라

이경규는 나이가 들수록 더 오버하고 뒹굴어 줘야 한다면서 나이 좀 먹었다고 해서 넥타이 매고 점잖만 떨다가는 금세 도태된다고 말했다. 이른바 정면 돌파론이다. 그의 '다혈질 아저씨 이미지'도 즉흥으로 탄생한 게 아니라 치밀한 계획 아래 차곡차곡 쌓여 형성된 전략임을 알 수 있다.

물론 나이 들어 지나치게 방정을 떨면 욕을 먹을 수 있지만 30퍼센트 정도의 안티는 감수해야 한다면서, 안티가 하나도 없으면 오히려 세상 사는 재미가 없다고 한다.

일본 유학 시절 나이 먹은 코미디언들이 어떻게 활동하느냐를 주의 깊게 지켜봤는데, 잘나가는 엠시들은 하나같이 젊은 세대보다 더 적극적인 플레이를 펼친다는 것이다. 이제 우리도 고령화 사회로 진입하고 있어 선배 세대들이 했던 정통 스타일만 고집하다가는 금세 잊혀진다.

또 나이를 먹을수록 자신이 가장 잘하는 것 위주로 해야 한다고 강조했다. 나이가 들면 몸이 뻣뻣해지기 때문에 어설프게 신세대 연예인들을 따라하다가는 결국 실패로 끝난다는 것이다. 자신이 잘하는 것을 조금씩 포장을 달리해 내놔야지, 완전히 신세대의 옷을 입고 색다른 무언가를 개발하려고 하면 실패 확률이 높아진다는 지적이다.

실제 그는 후배들 사이에서도 '노인' 행세를 하지 않고 편안한 모습을 보여 주기 위해 노력한다. 옛날 데뷔 초만 해도 구봉서 선배님같이 대 선배들과는 인사만 했지 밥 한 번 같이 먹을 수 없었다고 한다. 그때는 그만큼 위계질서가 엄격했다. 하지만 지금은 스무 살도 더 어린 후배들과 낚시도 가고 밥도 같이 먹는다.

"후배들이 어렵지 않게 생각하도록 만들어야 합니다. 그래야 제가 도태되지 않아요. 몇 년 전만 해도 출연자들은 서로 존칭을 썼어요. 하지만 요즘은 방송에서도 '야' 나 '형'이라고 부르는 게 자연스럽죠."

이런 노력이 뒷받침되었기에 20년 동안 변치 않는 사랑을 받을 수 있었던 게 아닐까?

항간에서는 요즘 그가 위태롭다는 얘기도 조심스럽게 나온다. 28년 방송 생활 중 최고의 위기를 맞고 있다는 것이다. 진행을 맡고 있던 프로그램 중 3개가 최근 한 달 새 모두 폐지되었기 때문이다. 보기에 따라서는 3개의 프로그램에서 하차했으니 위기라는 말도 나올 만하다. 하지만 요즘 예능 프로그램이 지나치게 대박에 의존해 조금 해 보고 반응이 신통치 않으면 바로 접어 버리는 세태 탓도 크다.

얼마 전, 그는 〈라인 업〉이 폐지됐을 때 피디와 함께 많이 울었다고 심경을 고백한 적이 있었다. 그런데 곰곰이 생각해 보면 10년 전, 5년 전에도 그가 진행하던 프로그램은 수차례 폐지됐었다. 그렇다고 이경규의 저력을 의심한 사람은 거의 없었다. 이건 비단 이경규만의 얘기가 아니기 때문이다. 배우 안성기가 영화 한두 편 흥행에 실패했다고 '위기의 안성기' 라고 표현한다고 생각해 보라.

우리나라에서 예능 프로그램 출연 경력이 이경규만큼 긴 사람도 없다. 오랜 기간 쌓아올린 연륜과 경력은 기복은 있을지라도 절대 쉽게 무너지지 않는다. 직장 생활을 좀 해 본 사람들이라면 이 말에 고개를 끄덕이게 될 것이다. 프로라고 불리는 경지에 오른 사람들의 노하우는 그리 간단한 게 아니기 때문이다.

어떤 사람도 항상 잘나갈 수는 없다. 오르막이 있으면 내리막이 있고 전성기가 있으면 침체기나 슬럼프가 있게 마련이다. 중요한 것은 힘든 상황들을 어떻게 돌파하느냐다.

승승장구하던 사람도 잠깐의 슬럼프를 극복하지 못해 좌절하기도 한다. 정상에서 비켜난 상태일지라도 현재 자신에게 필요한 자질이 무엇인지, 부족한 점은 어떻게 보완해야 하는지 똑바로 바라보면 지금 당장 무엇을 해야 하는지 알 수 있다.

개그맨 이경규 역시 항상 전성기를 누렸던 것 같지만 그동안 맡은 코너가 수도 없이 폐지되는 시련을 겪어 왔다. 누구에게나 위기와 좌절의 순간은 온다. 입시에 낙방할 수도 있고, 면접을 망칠 수도 있고, 프로젝트를 성공적으로 마치지 못해 원성을 살 때도 있을 것이다. 하지만 그런 작은 위기 상황을 하나하나 극복해 나가면 웬만한 시련에도 끄떡하지 않는 자신의 모습을 발견할 수 있게 될 것이다.

'위기는 기회'라는 말도 있지 않은가. 슬럼프는 자기 발견의 시간이다. 더 이상 과거의 방법을 계속할 수 없는 시간이자 가파른 상승 곡선으로 진입하는 시간이다. 그러니 낙담하지 마라. 밤이 지나면 반드시 아침이 온다.

이경규식 트렌드 흡수법

자신보다 어린 사람들과 잘 어울리기 위해서는 어떻게 해야 할까? 시대에 뒤떨어지지 않고 젊은 감각과 트렌드를 흡수하려면 무엇부터 해야 할까?

그러기 위해서는 자신을 둘러싼 변화에 융통성 있게 대처해야 한다. 디지털 사회로 들어선 후, 사회는 상상할 수 없을 정도로 빠르고 방대하게 변화해 왔다. 이런 변화에 적응하지 못하면 더 나은 단계로 나아갈 수 없다. 그뿐 아니라 나이 어린 사람들과 대화 자체가 힘겨워져 격세지감을 한탄하게 될지도 모른다. 그래서 직장인들에게 변화 관리는 경력 관리 못지않게 중요하다.

변화의 흐름에 자연스럽게 몸을 맡기려면 훈련이 필요하다.

01 관찰하고 관찰하고 또 관찰하라

항상 주변을 관찰한다. 사소한 변화라도 촉각을 세우고 앞으로 어떤 문제가 일어날지 예측해 본다. 작은 변화에도 기민하게 반응하는 '변화 감수성'을 높이면, 어떤 문제가 발생했을 때 좀더 발 빠르게 대처할 수 있다.

02 핫이슈에 능통해져라

지금 뜨고 있는 유행어, 문화 현상, 인기 키워드 등 새로운 핫이슈에 관심을 기울인다.

03 한 번 더 궁리해라

스스로에게 질문하는 습관을 기른다. 자신이 해야 할 일에 대해 더 나은 방법은 없는지 자기 자신에게 질문해 보자. 매일매일 하는 일이라도 더 효율적으로 할 수 있는 방법은 없는지 고민해 보고, 익숙한 방식에서 벗어나 새로운 방식을 과감하게 시도해 본다.

04 열린 관점을 가져라

생각을 물구나무 세워 본다. 똑같은 사물이나 현상도 관점을 달리해 보면 그동안 미처 알지 못했던 다양한 모습이 보인다. 여러 위치와 각도에서 현상을 바라보는 연습을 해 보자.

2

신동엽, 빠른 두뇌 회전이 성공을 부른다

어떤 상황에서도 예스! 전천후 인재로 거듭나기

요즘 예능 엠시는 유재석과 강호동이 양강 구도를 형성하고 있다. 두 사람은 요즘 버라이어티 체제에 가장 잘 적응했다는 소리를 듣고 있다. 그러면 신동엽은 어떨까?

신동엽의 진행 스타일은 유재석과 비교해 보면 특성이 잘 드러난다. 신동엽은 카리스마를 어느 정도 지닌 '리더형' 엠시, 유재석은 카리스마가 배제된 '배려형' 엠시라 할 수 있다.

신동엽은 엠시가 전권을 쥐고 있던 시절부터 스타 엠시의 길을 걸어 왔다. 엠시와 게스트 간에 경계를 긋는 유형이다. 그러니 자신이 당하는 데에는 익숙하지 않다. 오락 프로그램에서 꼬투리를 잡히거나 코너에 몰렸을 때에도 얄미울 정도로 잘 빠져나가는 '재간둥이' 다. 그런데 위기를 벗어날 때에는 스타 엠시들이 흔히 빠지기 쉬운 권위나 권력의 힘에 의존하지 않고 재치 있는 언변이나 순발력으로 해결하는 특성을 지녔다. 그래서 신동엽은 얄미울 때는 있지만 밉지는 않다.

권위적으로 진행하는 듯한 인상을 줬던 과거의 리더형 엠시스타일은 이제 통하지 않는다. 그는 이런 시대적 변화를 수용하기 위해 리더형 엠시 스타일을 '형' 이라는 친근한 이미지와 연출가적인 마인드를 가미해 업그레이드시켰다.

지금은 종영된 〈진호야 사랑해〉〈하자 하자〉〈우리 아이가 달라졌어요〉와 같은 오락 프로그램에서 신동엽의 이미지는 자상하고 잘 챙겨 주는 '형' 인 경우가 많았다. 그는 헬멧을 쓰지 않은 채 오토바이를 타고 다니는 청소년에게 헬멧을 씌워 주고, 아침을 먹지 않고 등교하는 학생들에게 따뜻한 아침밥을 제공하는 등 친근하고 자상한 이미지를 강화해 왔다.

진화된 리더형 엠시로서 신동엽의 또 다른 자질은 연출가적인 감각을 지녔다는 점이다. 신동엽은 진행자건, 게스트건 오버하는 걸 가장 싫어한다. 절제된 진행이 장수의 비결임을 알고 있다. 이렇다 보니 특정 게스트가 지나치게 방정을 떨거나 너스레를 늘어놓으면 적절히 막아 주고, 대화에서 소외된 게스트들도 고르게 참가하도록 안배하는 등 엠시로서는 드물게 연출가적 입장에서 프로그램을 진행한다. 그래서 예능 피디들은 신동엽을 선호한다. 요즘 예능 엠시에게는 단순한 사실의 전달을 넘어 각종 정보들을 쉽고 재미있게 이야깃거리로 만들 줄 아는 '지적인 재치'가 요구된다. 신동엽은 타고난 순발력에 이런 지적 재치까지 갖췄다.

신동엽의 업그레이드된 '리더형' 엠시와 유재석이 특화한 '배려형' 엠시는 대중의 기호와 맞아떨어져 인기를 얻을 수 있었다. 신동엽은 이제 절정기를 지난 듯 보이며 유재석은 그야말로 최고의 시간을 맞이하고 있다.

사실 부침이 극심한 방송가에서 정상의 자리를 유지하기란 여간 어려운 일이 아니다. 더구나 스타의 유통기한은 갈수록 짧아지는 추세다. 오락 프로그램 엠시로서 10여 년 동안 정상의 자리를 유지하고 있는 신동엽은 그래서 더욱 돋보인다.

그가 진행하고 있는 고정 오락 프로그램만 해도 5개나 된다. 여전히 편당 출연료가 700~800만 원에 달하는 것만 봐도 한국의 최고 엠시로 자리를 굳힌 것만은 분명하다.

불과 2~3년 전만 해도 한국 오락 프로그램의 개편은 신동엽의 행보와 관련이 있다고 해도 과언이 아니었다.

신동엽이 재충전을 선언하면 그가 맡고 있던 프로그램은 자동 폐지되며, 이에 따른 엠시들의 이동으로 다른 프로그램들도 개편 작업에 들어가는 경우가 많았다.

신동엽에게 롱런 비결을 물었더니 오버하지 않는 것이라는 대답이 돌아왔다.

일반적으로 진행자는 입담을 과시하기 위해 이야기를 부풀리게 된다. 그런 방법은 일시적인 효과를 볼 수는 있지만 결국 상투적인 수법임이 드러나게 된다는 것이다. 엠시를 하면서 자연스럽게 그런 원리를 터득했고, 대중이 오락 엠시로서 자신을 좋아하는 점도 바로 과장되지 않은 진행 때문이라고 생각한다는 신동엽. 그러고 보니 신동엽은 그때그때 유행 스타일을 따라가기보다 리더형 엠시면서 정통파 엠시로서의 면모도 갖추고 있다.

그는 인간 세상과 관련된 이야깃거리를 끊임없이 계발하는 것이 예능 엠시의 숙명이라며, 매일 일간지를 읽고 다양한 분야의 사람을 만나기 위해 노력한다고 한다.

자신의 얼마 되지 않은 경험만으로 프로그램을 진행하면 시청자는 금세 물린다는 것이다. 그래서 타인의 경험을 잘 새겨듣고 온전히 '자신의 것'으로 만드는 것이 중요하다고 믿는다. '그들'의 경험담을 '나'의 체험담으로 소화해 내야, 자신의 부족한 1퍼센트 경험에 99퍼센트의 지혜가 더해질 수 있다는 얘기다. 그래야 시청자들이 자신의 '하얀 거짓말'을 자연스럽게 받아들일 수 있다는 것이다.

그는 뛰어난 재치와 순발력으로 예능 프로그램을 깔끔하게 진행할 뿐만 아니라 연기력이 필요한 콩트에도 탁월한 재능을 보인다.

지금은 종영된 〈헤이 헤이 헤이 시즌 2〉를 봐도 예능 엠시 중 신동엽처럼 정통 코믹 연기를 선보일 수 있는 사람은 거의 없다. 톱스타의 거침없는 망가짐을 '말'이 아닌 '연기'로 감상할 수 있다는 건, 토크와 콩트가 공존하면서도 콩트의 비중이 절대적으로 높았던 이 프로그램의 가장 큰 장점이었다.

고정 진행자인 신동엽과 김원희의 연기 팀워크는 시즌 1부터 실제 부부 이상으로 자연스럽고 천연덕스러워 화제를 모았다. 이들이 보여 주는 커플 연기는 비주얼이나 과장된 몸짓 등에 있어 나무랄 데가 없었다. 특히 동성애자와 변태 할머니 등 엽기적인 캐릭터를 실감 나게 연기한 신동엽의 능청스러움은 이 프로그램에서 빼놓을 수 없는 웃음보따리였다.

기본기가 확실하면 넘지 못할 산이 없다

신동엽 같은 리더형 엠시는 활용을 잘해야 큰 효과를 볼 수 있다. 지난 2005년 SBS 간판 오락 프로그램이었던 〈김용만·신동엽의 즐겨 찾기〉를 보면 잘 알 수 있다. 이 프로그램은 당대 최고의 엠시를 모서 놨지만 시청률이 신통치 않았다. 매회 10명 정도의 인기 스타가 게스트로 출연해도 별 효과가 없어

결국 방송한 지 얼마 되지 않아 종영하고 말았다.

한국 최고의 두 입담꾼은 시너지 효과를 발휘하지 못했다. 조합이 잘못된 것이다. 김용만과 신동엽은 둘 다 리더형이다. 복싱으로 치면 둘 다 인파이터형이라, 같이 붙으면 게임이 오히려 재미없어진다.

신동엽은 마음껏 상대를 놀리면서 기량을 발휘할 때가 많지만 김용만은 이를 받아 줄 상대감이 못 됐다. 오히려 신동엽은 유재석이나 김제동처럼 '배려형' 엠시와 함께 진행하는 게 좋다. 김용만은 〈브레인 서바이벌〉에서 보았듯 혼자 정리하는 스타일이다.

〈김용만·신동엽의 즐겨 찾기〉의 폐지는 비싼 돈 들여 무조건 최고의 엠시만 데려다 놓고 시시껄렁한 농담을 늘어놓으면 오락 프로그램의 시청률을 확보할 수 있다는 관행을 무너뜨린 상징적 사건(?)이었다.

게다가 신동엽은 최근 1~2년 사이에 변화된 예능 상황에 직면하고 있다.

신동엽은 여러 명의 엠시들과 공동 진행을 하는 것보다 혼자 진행하는 것에 더 익숙하다. 그래서인지 요즘 가장 유행하는 '리얼 버라이어티' 예능에는 약간 벗어난 듯한 느낌을 주었다. 최근에 SBS 〈일요일이 좋다〉에서 '체인지' 코너를 맡으며 집단 엠시 체체로 들어왔지만 여러 명과 같이 진행해도 혼자 진행하는 것처럼 보일 때가 있다. 자신의 코너를 딱 부러지게 진행하는 그의 스타일 때문이다.

나는 개인적으로 신동엽이 유재석이나 강호동보다 훨씬 진행을 잘 한다고 생각한다. 게스트의 장점은 물론 단점도 애드리브로 뽑아내고 상대를 적절히 놀려 분위기를 띄우는 센스까지, 게스트를 요리하는 능력은 누구보다 뛰어나다.

하지만 신동엽이 회사를 차리고 결혼을 하면서 이미지가 약간 달라진 데다, 예능의 트렌드가 토크 쇼 스타일에서 리얼 버라이어티로 바뀌어 결과적으로 보면 예능 트렌드에서 벗어난 인상을 줬다.

신동엽은 이를 의식한 듯 최근 기자들과 가진 간담회에서 집단 엠시를 안 하는 이유에 대해 "저는 여러 명의 연예인들과 함께 진행하는 프로그램을 거의 하지 않았어요. 다른 사람들에게 면박 주는 것을 잘 못하고 또 당해 주는 것도 잘 못해요. 그러다 보니 연예인들이 단체로 출연하는 프로그램과는 인연이 거의 없었죠."라고 말하기도 했다.

신동엽은 개그맨들과 함께 프로그램을 진행한 경우가 별로 없었다. 이효리, 김원희, 유정현 아나운서, 윤현진 아나운서 등이 파트너였고, 프로그램도 〈러브 하우스〉나 〈우리 아이가 달라졌어요〉처럼 혼자 또는 두 사람이 야외에서 진행하는 경우

가 많았다. 그래서 자신은 개그맨들끼리 단체로 하는 프로그램은 잘 못할 것 같은 생각이 든다고 했다.

"최근에 김용만 씨, 유재석 씨와 함께 늦게까지 와인을 마시면서 프로그램 얘기를 했어요. 김용만 씨가 〈브레인 서바이벌〉〈라인 업〉에서 그 많은 연예인을 데리고 진행하는 모습을 볼 때나, 유재석 씨가 〈X맨〉〈무한 도전〉을 이끌어 가는 모습을 보면 정말 잘한다는 생각이 들어요. 만약 저라면 죽어도 저렇게는 못할 것 같아요. 강호동 씨와 친해 〈천생연분〉에 게스트

로 나간 적이 있었는데 녹화가 끝난 후 속으로 굉장히 후회했
어요."

하지만 지금은 신동엽이 당대의 정서와 대세에서 약간 벗어
난 듯 보여도 자연스럽게 다시 대세의 중심으로 돌아올 가능성
이 높다. 왜냐하면 그는 콩트와 쇼를 완전히 소화해 내는 '전
천후 엠시'이기 때문이다. 17년 동안 양쪽을 오가면서 기본기
와 내공을 쌓아온 그는 트렌드가 바뀌어도 충분히 적응할 수
있는 능력과 감각을 지녔다.

개그맨을 넘어 CEO로

2005년 말, 신동엽은 한국 오락물을 진행하는 간판 엠시들
을 모아 대형 기획사 'DY 엔터테인먼트'를 만들었다. 방송
3사에서 쇼·오락 프로그램 엠시 및 게스트로 최고의 인기를
구가하고 있는 유재석, 김용만, 이혁재, 노홍철, 송은이, 강수
정 등이 소속돼 있는, 말하자면 예능 엠시계의 '드림 팀'이라
할 수 있다.

예능 엠시 신동엽에게 CEO라는 이미지가 추가된 것이다.
신동엽은 오래전부터 CEO 구상을 밝혀 온 터였다. 그는 언제
까지고 오락 엠시로 방송계에서 버틸 수 없다는 걸 잘 알고 있

다. 그래서 준비했던 게 예능 전문 매니지먼트와 프로덕션을 겸한 회사였다. 우리의 드라마처럼 오락 프로그램도 외주 제작이 활성화될 때를 대비한 전략이었다. 오락 프로그램에서 엠시가 차지하는 비중이 커지면서 미국이나 일본처럼 엠시가 피디를 고용하는 시대가 앞당겨지고 있는데, 그는 멀지 않아 한국도 이런 상황이 올 것으로 내다봤다.

신동엽은 DY 엔터테인먼트 출범 당시, 이렇게 포부를 밝혔다.

"15년간 연예계에서 활동하면서 음반, 영화, 드라마 쪽의 시장이 커지는 것을 지켜봤어요. 예능 시장의 잠재력도 무한하기 때문에 좋은 사람들과 좋은 취지로 선진화된 시스템에서 일을 하고 싶었습니다."

일각에서는 방송 권력의 쏠림 현상을 우려하기도 했지만 초대형 기획사가 출현한다고 해도 방송국이 편성권을 가지고 있는 이상, 방송국의 권력은 사라지지 않는다는 게 그의 생각이다. 설령 그런 힘이 주어진다 해도 남용하다가는 대중에 의해 지탄받게 된다. 과거에도 시청률을 많이 올려 주는 예능 엠시나 개그맨은 방송국에서 잘 대해 줬다. 하지만 이용 가치가 없다고 판단되면 바로 버리는 것이 이곳의 생리다.

예능 엠시와 개그맨은 연예계에서도 가장 기반이 취약하다. 안 웃기면 살아남을 수가 없는 곳이다. 가수와 연기자와는 또 다르다. 묻어갈 수 있는 영역이 아니기 때문이다. 예능물의 패널로 투입시켜 줘도 본인이 웃기지 못하면 기회가 없어진다. 예능 엠시 몇 명이 뭉친다고 방송사와 힘겨루기에 나설 수 있는 게 아니라는 얘기다.

다만, 철저하게 개인 단위로 움직이는 개그맨들이 아이디어와 정보를 교환할 수 있고 활용도를 넓혀 나갈 수 있다는 점은 DY 엔터테인먼트 출범이 거둔 새로운 소득이다. 그는 큰 잡음 없이 방송 일과 기획사 CEO, 두 마리 토끼를 잡았다. 현역 예능 엠시로 CEO가 돼 '안티'가 생긴 것도 사실이다. 이 비호감적 요소가 합쳐져 신동엽의 존재감이 줄어든 것 같기도 하다. 하지만 '최고의 입담꾼' 신동엽이라면 금세 이 상황을 극복할 듯싶다. 그의 앞으로의 계획은 무엇일까?

"아마 10년 후에도 지금처럼 쇼 프로그램을 진행하고 있을 것 같아요. 그리고 20년 후에는 시트콤을 제작하면서 연기를 하지 않을까 싶어요. 지금보다 일을 줄이고 전국 방방곡곡을 여행하면서 많은 사람을 만나며 지내고 싶습니다."

똑똑하고 영민한 신동엽, 그는 앞날이 더 기대되는 사람이다.

어느 분야에 종사하든 트렌드를 잘 파악하는 사람은 돋보이게 마련이다. 같은 내용물이라도 포장을 어떻게 하느냐에 따라, 시선을 사로잡는 매력적인 상품이 되기도 하고 별 볼일 없는 소모품으로 전락하기도 한다. 당대에 유행하는 포장술을 잘 익히고 활용하면 내용물이 다소 빈약해도 그런대로 호응을 얻을 수 있다.

　하지만 단순히 포장술만 능해서는 롱런하기 어렵다. 더 중요한 것은 어떤 파도에도 쉽게 난파되지 않는 '기본기'를 갖추는 것이다.

　기본기가 강한 사람은 시류에 흔들릴 수는 있을지언정 절대 무너지지 않는다.

　신동엽은 기본기가 아주 탄탄한 사람이다. 그는 탁월한 언변을 바탕으로 능수능란하게 프로그램을 진행할 뿐 아니라 유머 감각에 연기력까지 갖춘, 몇 안 되는 멀티형 인재다. 그에게는 반드시 웃겨야 한다는 강박 관념이 없다. 진행에 자신감이 있기 때문이다. 사실 '어떻게든 웃겨야지' 하는 강박 관념은 시청자를 부담스럽게 하고 유머의 효용성도 떨어뜨린다.

　이것은 우리들의 대인 관계에서도 마찬가지다. 아주 쉬운 예를 들어 보자. 화술이 약한 사람이 단박에 웃기려고 유머러스한 얘기를 토씨까지 달달 외워서 열심히 말하고 있다고 생각해 보라. 그의 이야기가 사람들의 폭소를 유발할 확률은 매우 희박하다.

어느 분야든 민첩한 두뇌와 순발력, 스피드는 꼭 필요하다. 하지만 성실함과 끊임없는 자기반성, 노력이 뒷받침되지 않으면 이런 재주는 오래 빛을 보기 힘들다. 자기 분야에 필요한 자질을 익히고 숙련하는 것이 중요한 것은 이 때문이다. 우선 기본기를 쌓자. 그러고 나서 시류에 파고들자.

사회생활을 막 시작한 신입 사원들은 뭔가 새로운 프로젝트에 뛰어들고 싶고, 새로운 프러포절을 진행해 보고픈 욕심에 기본에 소홀할 때가 있다. 하지만 이 시절, 전문적인 지식이나 기술을 쌓는 데 소홀하면 성공적인 미래를 보장받을 수 없다. 기본기가 없는 사람이 시류를 잘 쫓아가지도 못한다면 그 또한 경쟁에서 낙오되기 쉽다. 트렌드에 민감한 '변화 감수성'은 키우되 자신의 강점과 개성까지는 버리지 않는 지혜가 필요하다. 진짜 카리스마, 진짜 실력은 유행에 흔들리지 않는 탄탄한 기본기에서 나온다.

기본기가 제대로 갖춰져 있지 않은 사람은 그때그때마다 변칙과 차별화 전략을 강구해야 하고, 매번 새로운 것을 내놔야 한다. 하지만 기본기에 충실한 사람은, 탄탄한 실력 하나만으로도 시류에 휩싸이지 않으며 똑같은 슬럼프도 더 빨리, 더 유쾌하게 극복할 수 있다.

자신의 분야에서 끝까지 롱런하고 싶다면 기본기에 충실해라. 기본기는 일시적으로 써먹는 수법이 아니라 장수할 수 있는 덕목이다.

알아 두면 요긴한 회식 자리 순발력

01 집에 가서 한잔 더 하자고요?

　회식 후 자기 집에서 한잔 더 하자고 끄는 과장님. 상사가 먼저 가겠다고 할 경우 시간이 늦었을 때는 택시를 잡아 드리는 것이 예의지만, 특별히 자신을 지목할 경우에는 집까지 모시고 가는 것이 좋다. 단 현관 앞에서 사모님에게 인계한 후 잽싸게 빠져 나온다.

02 회식 자리에서 빠지고 싶어!

　회식 중간에 말 없이 사라지는 것은 좋은 행동이 아니다. 개인적인 사정으로 꼭 먼저 가야 한다면 동료나 부서장에게 미리 알리고 자리를 뜨는 게 좋다. 단, 술에 많이 취하지 않았을 때 알려야 한다. 거나하게 술이 들어간 후 "아참! 깜빡하고 있었네. 집에 일이 있어서 먼저 들어가 봐야 하는데."라고 말해 봤자 수많은 손길의 제지만 받을 뿐이다. 회식에 빠져야 할 때는 술에 취하기 전에 말하라.

03 불편한 점 있으면 솔직하게 말해 봐!

　주고받는 술잔은 늘고 분위기가 무르익으면 긴장감이 떨어진다. 이때 그동안 불편한 점이나 불만 사항이 있으면 다 들어줄 테니 털어놓으라는 상사! 하지만 술기운에 정말 마음속 이야기를 꺼냈다가는 두고두고 후회할 일이 생길지 모른다. 취중진담이라고 하지 않는가. 괜찮다고 하면서도 마음에 새겨 두는 유형은 어디에나 있다. 술자리일수록 긴장하고 말을 가려 하자. 긴장한 채 마시면 술도 덜 취한다.

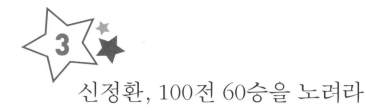

신정환, 100전 60승을 노려라

버라이어티계의 하버드생

신정환은 버라이어티 예능물에서 인기 절정을 달리고 있다. 〈상상 플러스〉〈불후의 명곡〉〈라디오 스타〉〈명랑 히어로〉 등 그가 출연하는 인기 예능 프로그램만도 일주일에 4개나 된다. 그의 인기 요인은 무엇일까?

신정환의 특기는 임기응변에 강하다는 것이다. 그는 어떤 버라이어티 프로그램에 갖다 놓아도 재빨리 적응한다. 그래서 방송가에서는 신정환을 '버라이어티계의 하버드생'으로 부르고 있다. 박명수는 유재석과 함께 있으면 빛이 나지만 혼자서는 큰 힘을 발휘하지 못하는 경향이 있다. 하지만 신정환은 완전히 낯선 동네에 가서도 필요에 따라 변신해 가며 뛰어난 적응력과 끈질긴 생명력을 발휘하고 있다. 탁재훈, 이휘재와 같이 프로그램을 할 때도 좋은 콤비를 이루었고, 이경규나 김용만과도 잘 놀며, 김구라와 붙여 놔도 티격태격하면서 자연스럽게 어울린다.

그의 특기는 결정타는 별로 없지만 수많은 잽으로 잔재미를 쌓아 자신의 이미지를 강화하는 것이다. 어떻게든 살아남아야 하는 약육강식 분위기가 프로그램의 특성이 된 〈라디오 스타〉에서 그는 요즘 제대로 실력 발휘를 하고 있다. 이 프로그램은 썰렁한 이야기가 자주 나오지만 지루하다고 느낄 수 없을 만큼 호흡이 짧기 때문에 잔재미를 만들어 내는 신정환에게는 특히 유리하다. 초반에는 4명의 엠시들끼리 무례하고 자극적으로 방송해 비난을 받았지만 무형식에 가까운 진행 방식, 리얼 버라이어티 특유의 자연스러움과 돌발성이 재미를 만들어 내면서 기대 이상의 인기를 얻고 있다.

그는 이 프로그램에서 김구라의 독설로 형성된 막장 분위기를 중화시키는 역할도 한다. 김구라가 직설적으로 뱉어낸 말에 대해 "시청자 여러분, 죄송합니다." 하고 자신은 빠져나가는 스타일이 아니라, 자신도 몸 개그와 말 개그를 적절히 섞어 가며 맞장구를 치고 망가져 주면서 즐거운 분위기를 만든다.

그는 KBS 〈상상 플러스〉에서도 이와 유사한 역할을 했다. 신정환은 탁재훈과 이휘재에게서 느껴지는 약삭빠름과 뺀질뺀질함을 중화시켜 줬다.

가장 큰형인 탁재훈은 상대에 대한 배려보다 허를 찔러 웃음을 유발하는 스타일이다. 한때는 잘나가는 '오빠'였다가 이제는 열성팬들이 떨어져나간 노총각 콘셉트인 이휘재 역시, 나이가 들면서 상대를 배려하고 친절해졌지만 여전히 할리우드식 오버액션과 뺀질뺀질함이 남아 있어 호불호가 나뉜다.

신정환은 이들 두 형 사이에서 '플레이 메이커' 역할을 해주었다. 약삭빠른 이휘재와 탁재훈의 장난에 당하는 역할도 마다하지 않았다. 또 알게 모르게 세대 간을 연결시켜 주는 구실도 했다.

이 프로그램의 초기 연출자인 이세희 피디는 "'상상 플러스'의 캐릭터들은 인물들의 실제 성격과 닮아 있어 편안하게 다가온다. 이들 캐릭터들은 사회의 축소판일 수도 있다…… 신정환이 상대에게 당하면서 이를 웃음의 소재로 만들어 내는 것은 실제 성격이 매우 좋기 때문에 가능하다."라고 말한 적이 있다.

하지만 신정환은 당하는 약자의 입장을 취하면서도 비굴하지 않다. 사람들의 장난과 농담을 받아 주고, 많은 실수를 저지르면서도 다른 사람들과 조화를 이룬다.

또 매번 당하기만 하면 식상해 재미가 없는데, 신정환은 당하면서도 재치 있는 방어로 특유의 매력을 만들어 냈다. 말하자면 당하면서 성장한 것이다. 그의 방어는 속사포처럼 쏘아 대지만 호전성이 전혀 없어 거부감을 주지 않는다. 그게 신정환식 개그의 한 특징이다. 타인에게 면박을 줘 시청자를 웃기는 데에는 성공해도 왠지 씁쓰레한 기분을 남기지 않아 정말 웃게 만드는 리얼 개그. 게다가 그는 몸을 아끼지 않는 진행으로 미워할 수 없게 만든다.

이에 대해 신정환은 "세상에는 진지한 사람도 있고 가벼운 사람도 있어요. 저는 프로그램을 이끌어 가는 진행자의 진지한 흐름과 반대 방향에 서서 가벼운 재미를 만들어 내려고 합니다. 저는 진지한 모습이 어울리지 않는 3류 인생이며, 2인자라고 생각해요."라고 말했다.

자신을 낮춰 개그를 할 줄 아는 신정환. 그는 2005년, 불법 도박 혐의로 체포되어 출연하던 프로그램에서 모두 하차해 실업자 신세가 된 적이 있다. 헌데 불과 몇 개월 만에 구명 운동이 벌어졌다. 그의 퇴출을 반대하는 카페가 생겨났으며, 인터넷 서명 운동도 전개됐다. 물론 당시 신정환의 퇴출을 반대하는 대중이 어느 정도였는지는 가늠하기 어렵다. '침묵하는 다수'가 있을 수 있고 '댓글을 올려 구명 운동을 펼친 소수'가 적극적으로 활동했을 수 있기 때문이다. 하지만 신정환에 대한 격려가 꼬리를 물고 이어진 것만은 확실했다.

불법을 저지른 신정환에게 동정의 분위기가 형성된 것은, 그가 오락 프로그램에서 보여 준 개그 성향과 관련이 깊다. 신정환은 앞에서도 얘기했듯 오락 프로그램에서 항상 약자의 입장에 놓여 있었다. 누리꾼들의 '신정환 감싸기'는 그동안 상대를 띄워 주고 자신은 낮추는 개그를 펼친 데 대한 일종의 보답 차원인지도 모른다.

어쨌든 신정환은 불법 도박 경험에 자신 특유의 개그 방식이 합쳐지면서 한결 더 성숙해졌다. 그는 불법 도박 건으로 이미지는 안 좋아졌지만 얻은 것도 많다고 한다. 만약 그런 일 없이 계속 방송을 했다면 지금처럼 열심히 일하지 못했을 거라고 말이다.

작은 잽으로 절호의 기회를 노리다

신정환은 외모에서 특출함이 없는 자신을 있는 그대로 인정하며, 그것을 장기로 활용해 연민과 동정까지 자아낼 줄 안다. 과거 짝짓기 프로그램에서 여성으로부터 구애를 받지 못해 결국 남성 출연자들과 포옹을 하는 모습을 보면 이 점을 잘 알 수 있다.

특히 신정환은 요즘처럼 엠시와 게스트의 구분이 명백하지 않아 산만하고 질서가 없는 버라이어티 체제의 흐름속에서 발군의 힘을 발휘한다. 물론 정신이 없을 정도로 거침없이 쏟아

내는 입담이 썰렁할 때도 있지만, 이제는 별로 어색하지 않고 그마저도 신정환의 정체성으로 수렴된다.

〈상상 플러스〉의 최재형 피디는 "신정환은 절묘한 애드리브를 구사합니다. 거의 천재적인 수준이에요."라고 말했다.

순발력이 따르지 않으면 자신의 존재를 부각시킬 수 없다. 그런 점에서 신정환은 아주 큰 무기를 지닌 셈이다. 기 싸움까지 벌어지는 이런 오락물들을 놓고, 젊은 네티즌들은 '예능의 막장'이라고 표현하지만 이건 그다지 나쁜 의미가 아니다.

신정환은 까불거리지만 왠지 밉지 않은 스타일이다. 친구들 사이에서도 설쳐 대면 얄미운 사람이 있는가 하면, 깐죽거려도 미움을 받지 않는 사람이 있다.

실제로 신정환과 만나 이야기해 보면 큰 욕심이 없는 사람 같다. 콘셉트만 2인자로 잡은 것이 아니라 실제로 그의 성격과 인생관이 반영돼 있어 방송 모습이 더 자연스러운 것 같다. 그렇지만 프로그램에 임할 때는 누구보다 열정적이다.

10전 10승을 노리기보다는 100전 60승을 올리는 신정환의 방식은 성공 확률이 높다. 자신에게 맞는 역할만 골라 출연하는 엄격한 방식보다, 이것저것 하다 보니 빵빵 터지는 무난한 스타일. 그는 구체적으로 목표를 설정하지 않고 하루하루 열심히 하자는 게 인생의 모토라고 말했다.

큰 목표를 설정하지 않고 그날그날 열심히 하면서 성공을 쌓아 가는 신정환. 그의 방송 이력은 무한 경쟁 시대에 자신을 드높여야 하는 사람들에게 새로운 지표가 될 수 있지 않을까.

최근 2인자 리더십이 각광을 받고 있다. 조직의 규모가 커지면 전체를 책임지는 1인자에 비해 부분을 담당하는 2인자들의 비중이 더 늘어난다. 《삼국지》에는 제갈량, 관우, 사마의 등 수많은 2인자들이 등장해 다양한 유형의 리더십을 보여 준다. 이들은 모두 책사, 참모라 불리는 전문가 집단이다.

1인자 한 사람이 세분화돼 있는 모든 영역을 꿰뚫어 보기란 쉽지 않다. 그래서 한 분야에 전문적인 식견을 갖고 자신을 어시스트할 수 있는 2인자의 능력을 빌려 오는 경우가 많다.

1인자는 지시하고 감독하는 데 능하지만 2인자는 커뮤니케이션과 상대를 설득하는 데 능하다. 현대 사회에서는 2인자들의 역량이 조직을 끌고 가는 핵심 원동력으로 작용하는 사례가 점점 더 많아지고 있다. 《삼국지에서 배우는 2인자 리더십》을 쓴 나채훈 씨는 "2인자는 1인자의 신뢰를 밑바탕으로 자기 재능과 능력을 최대한 발휘해야 하고, 1인자와의 소통과 교감을 통해 조직이 나아가야 할 방향과 목표를 정하는 자리에 서 있다. 따라서 2인자는 훨씬 더 객관적인 입장에서 조직 안팎의 상황을 면밀히 살필 수 있고, 창의적인 사고력을 발휘해 성공 전략을 세울 수 있다."고 말했다. 루이스 윌턴Louis wilton도 진정한 천재란 비범한 일을 수행하는 능력을 가진 자가 아니라, 평범한 일을 비범하게 수행하는 능력을 가진 자라고 말하지 않았던가.

그뿐 아니다. 2인자는 1인자보다 조직에서 더 인정받고 더 롱런한다. 다른 사람들의 질투와 제지를 받을 염려도 적다. 항상 선두에 서서 지나치게 자신을 부각시키거나 완벽해 보이는 사람들이 의외로 일찌감치 도태되는 것은, 경계심과 질투심을 자아내기 때문이다.

사회는 끝없는 경쟁의 현장이다. 구성원끼리 치열하게 경합하는 조직 사회에서 롱런하고 싶다면, 신정환식 2인자 처세술을 한번 벤치마킹하는 것도 좋은 방법이 될 수 있다.

탁재훈, 어디서나 먹어 주는 '영리한 바보' 콘셉트

순발력으로 무장한 밉지 않은 익살꾼

탁재훈의 직업을 무엇이라고 불러야 할까? 가수, 개그맨, 예능 엠시, 영화배우? 탁재훈은 뭐라고 소개해야 할지 모를 정도로 다양한 분야에서 끼와 실력을 발휘하고 있다.

연기도 〈가문의 영광〉류의 코믹 연기를 넘어 〈어린 왕자〉처럼 불치병에 걸린 어린이와 교감하며 아픔을 치유하는 감동 연기까지, 그 폭을 확장해 나가고 있다.

지금 연예계는 한 가지 일만 열심히 하기보다 다양한 분야에서 활동하며 '멀티 엔터테이너'로 활동하는 스타가 각광을 받는 추세다. 탁재훈은 이런 흐름을 타고 활동 영역을 넓혀 꽤 좋은 반응을 얻었다.

그는 1993년, 영화 〈혼자 뜨는 달〉의 단역으로 연예계에 데뷔했다가 1995년 1집 앨범을 발표하며 가수로 활동했다. 신정환과 함께 그룹 활동을 하기 전까지는 얼굴도 잘 알려지지 않았다. 그런 그가 본격적으로 인기를 얻은 것은 주로 텔레비전 오락 프로그램을 통해서였다.

오락 프로그램에서 보는 그는 한마디로 '밉지 않은 익살꾼'이다. 투덜거리는 말투로 응석을 부리지만 타이밍과 상황을 잘 포착하기 때문에, 그 자체가 하나의 유머러스한 상황을 연출한다. 말솜씨도 뛰어나고, 돌발 상황을 만들어 웃음을 유발시키는 재주도 탁월하다.

그리고 무엇보다 탁재훈은 마치 친구와 사담을 나누듯 방송을 진행한다. 그런데도 '비방용'이 거의 없다. 흔히 오락 프로그램 게스트들은 서로 친하다는 이유로 '이 친구의 방송국 밖 사생활이 어쩌고저쩌고' 하는 사담들을 주고받곤 한다. 서로 반말을 하고 인신공격으로 억지웃음을 만들 때도 있다. 시청자들은 한두 번은 봐 주지만 시간이 지날수록, 꼭 그런 것까지 말해야 돼? 하는 짜증 섞인 반응을 보인다.

그러나 탁재훈은 방송 순간에 벌어진 일로만 장난을 친다. 여기에는 고도의 순발력이 요구됨은 물론이다. 탁재훈은 오락 프로그램에서 자신의 콘셉트를 분명히 잡고 있다.

〈세대 공감 올드 앤 뉴〉 시절 탁재훈은 자주 틀린 답을 내놓았다. 정답을 빨리 말해 버리면 상황이 종료돼 버리기 때문이다. 그는 계속 오답을 내놓으면서 정신없이 엉뚱한 토크를 펼쳤고, 그건 이 프로그램의 큰 재미였다. 틀린 답에 꼬리를 내려야 하지만 오히려 상대에게 면박을 주려고 한다. 여기서 웃음이 터진다. 탁재훈이 히트시킨 대부분의 유행어는 이런 상황에서 발생했다.

대중문화 평론가 강명석은 "오락 프로그램에서 매번 당하기만 하면 '바보'가 될 수 있고, 똑똑한 입장에서 상대에게 면박을 주면 얄미워지는데, 탁재훈은 이 양극단 사이에서 절묘하게 균형을 취한다. 그게 장난을 장난으로 받아들이게 하는 일종의 능력이 된 것"이라고 탁재훈의 개그 성격을 설명했다.

탁재훈은 예능 엠시로서 분명 경쟁력을 지녔다. 자연스럽게 방송을 진행할 줄 아는 재치에다 상황 적응력, 순간적인 애드리브 등 고도의 순발력은 높이 살 만하다. 최송현 아나운서가 〈상상 플러스〉 최고 아이디어맨으로 탁재훈을 꼽은 것도 이유 있는 선택이다.

자기 꾀에 넘어가지 않는 절묘한 균형

그런데 요즘 탁재훈의 개그 스타일이 갈수록 조금씩 변하고 있는 것 같다. 〈상상 플러스〉와 〈불후의 명곡〉을 보면 예전만큼 진행 실력이 발휘되지 못하고 있고, 개그 균형도 조금씩 깨져 가는 듯 보인다.

탁재훈은 2007년 5월, 〈무릎팍 도사〉에 출연해 시종 잘난 체하고 건방진 모습을 보여 줬다. 물론 이는 '설정'이다. 진행자인 강호동과 한 치 양보 없는 공방전을 펼치기 위함이다. 강호동에게, 호동 씨가 더 이상 보여 줄 게 없다면 어떻게 하겠느냐고 약을 올리는 장면 역시 재미를 위한 것임을 시청자들은 이해한다.

하지만 뻔뻔함과 건방짐을 자신의 개성과 매력으로 완전히 소화하지 못할 경우, 자칫하면 얄밉게 비춰져 밉상으로 찍힐 수도 있다.

탁재훈은 초기에는 이런 설정을 잘 소화해 냈었다. 자신도 상대에게 적당히 당해 주며 면박을 주었기 때문에 적이 없고, 정말 평범한 사람끼리 장난을 치는구나 하고 유쾌하게 넘어갈 수 있었다. 그의 표현대로 성격이 원래 내성적이어서 자꾸 투덜댄다는 점도 이해될 만했다.

하지만 최근 그가 보여 주는 진행 방식은 좀 지나친 면이 있다. 〈상상 플러스〉에서 노주현과 정은아를 초대했을 때는 지나치게 자기중심적이어서 게스트를 당황하게 했다. 게스트에게 자신을 맞추는 게 아니라 게스트가 자신의 스타일에 따라오길 원하는, 독선적인 진행을 보이기도 했다.

〈불후의 명곡〉에서 게스트로 출연한 이윤석이나 하하, 한고은 등에게 얘기할 기회를 거의 주지 않아 엠시로서 기본 예의를 저버렸다는 평가를 받은 적도 있다. 이날 하하가 게스트에 대한 배려가 이렇게 부족한 엠시는 처음 봤다고 말해도 막무가내였다.

프로그램에 완전히 적응한 데서 오는 자신감의 표현일 수도 있겠지만 이럴수록 더 많은 신경을 기울여야 한다.

탁재훈에게는 분명 많은 장점이 있다. 하지만 자신의 웃음 코드를 잘 소화해 내야 이런 능력들이 진가를 발휘할 수 있을 것이다. 자신만을 위한 배타적인 진행이 되지 않기 위해 더 노력한다면 앞으로도 높은 인기를 유지할 수 있을 것이다.

항상 남을 배려하고 겸손한 태도를 견지하며 웃음을 만드는 사람이 있는가 하면 상대의 허를 찔러 예상하지 못한 곳에서 웃음을 유발하는 사람도 있다. 전자가 유재석이라면 후자는 탁재훈이다.

탁재훈의 주특기는 '게스트 비꼬기' 다. 혹자는 남의 허점을 활용하는 전략을 부정적으로 바라볼지도 모른다. 하지만 상대의 허점을 건드려 망신을 주는 게 아니라, 기분을 해치지 않는 선에서 웃음을 유발하고 분위기를 띄워 줄 수 있다면 이런 방법을 적절히 활용하는 것도 나쁘지 않다. 그래서 〈오센〉의 강희수 기자는 탁재훈의 이런 면모를 '일벌백계 리더십' 이라고 규정하기도 했다.

모두가 방심하는 빈틈을 지적해 전체 분위기를 쇄신하는, '일벌백계' 는 직장 안에서 학교 안에서 얼마든지 활용 가능하다. 팀을 이끄는 리더라면 반드시 갖춰야 할 요소이기도 하다.

탁재훈의 스타일을 조직에 적용하면 혁신형 팀장으로 분류할 수 있다. 다양한 개성을 가진 사람들이 제 위치에서 자신의 역량을 잘 발휘해야 팀도 살고 조직도 산다. 탁재훈은 팀원들을 돋보이게 만들어 주는 팀장이라기보다 팀원 각자 각자가 자신의 능력을 제대로 발휘할 수 있도록 조련해 주고, 솔직한 평가로 더 분발하게 만드는 리더다.

사실 조금 간간하게 자신의 취약점을 돌아보면 무엇을 고쳐야 하고 어떻게 분발할지가 더 분명하게 보인다. 평가가 확실하고 피드백이 빠른 조직이 궁극적으로 더 좋은 성과를 내는 것은 이 때문이다.

04

편안함,
모든 것을
이기는
부드러운 힘

책상을 내리칠 필요도 목소리를 높일 필요도 없다. 나그네의
옷을 벗긴 건 세찬 바람이 아니라 그윽한 햇볕이었다. 감성과 성
실함으로 무장하라. 이제는 부드러운 사람이 이긴다.

김미화, 지혜로운 이노베이터

개그우먼에서 시사 프로그램 진행자로

개그우먼 김미화는 1983년 KBS 2기 공채 개그맨으로 데뷔해 〈유머 일번지〉의 코너 '쓰리랑 부부'에서 순악질 여사로 등장하며 큰 인기를 모았다. 최근까지도 〈개그 콘서트〉에 출연하면서 실력 있는 후배 개그맨들을 끌어 주고 지원해 주며, 개그계의 대모로서 변치 않는 열정과 소신을 보여 줬다. 그런 그녀가 개그와 예능을 넘어 시사 프로그램 진행자로 자리를 잡았다. 단순히 '개그우먼'이라는 수식어에 자신을 가두지 않고 영역을 확장시켜 방송인으로서 수명을 늘린 것이다

원래 '시사'라고 하면 가방 끈이 긴 사람이나 남성들만의 영역으로 생각하기 쉽다. 이제껏 그래왔으니까 말이다. 개그우

먼이 시사 프로그램 진행을 맡는다고 하면, 일단 우려와 편견 섞인 시선으로 바라보는 이들이 적지 않다.

하지만 김미화는 MBC FM 〈김미화의 세계는 그리고 우리는〉과 SBS 이슈 토크 프로그램 〈김미화의 U〉에서 차별화된 진행으로 호평을 받으며 지금까지의 우려를 불식시켰다.

그녀는 딱딱하고 어렵게 느껴져 일반 대중들이 피하기 쉬운 시사 프로그램을 쉽고 편안하게 이해할 수 있도록 만들어 많은 청취자와 시청자의 공감을 불러일으키고 있다. 최근에는 OBS 경인 방송에서 주철환 사장과 함께, 문화 프로그램 〈주철환·김미화의 문화 전쟁〉을 진행하면서 프로그램 영역을 더욱 확장하고 있다.

텔레비전에서 연예인, 그것도 개그우먼의 활동은 거의 예능 프로그램에 국한된다. 교양 프로그램을 연예인이 진행한다고 하면 일단 선입관을 가지고 바라본다. 프로그램을 이끌어 갈 만한 지식과 상식을 갖추고 있느냐는 지적이 나오는 것이다.

물론 〈그것이 알고 싶다〉 등 시사·교양 프로그램에서 정진영, 박상원, 김상중 등 배우들이 진행을 맡기도 했다. 하지만 작가가 써 준 대본을 심각한 표정으로 읽어 내려가는 내레이터 역할에 그친다는 느낌을 준다.

그러나 김미화는 이와 다르다. 김미화는 당일의 주요 뉴스를 전하고 거기에 해설을 곁들이며 그날그날의 이슈들을 분석한다. 또 화제의 중심에 서 있는 각 방면 전문가들과 전화 연결을 해 생방송으로 대화를 이끌어 간다. 그녀는 벌써 6년째 이 프로그램을 진행하고 있다.

또 얼마 전 종영한 〈김미화의 U〉에서는 다양한 인생을 살아 온 게스트를 초대해 진술한 대화를 나누었다.

전문적인 지식도 필요하면서 삶의 연륜이 요구되는 이들 프로그램을, 몇 년째 무리 없이 진행한다는 건 말처럼 쉬운 일이 아니다.

얼마 전 MBC에서 만난 그녀에게 개그우먼으로 새로운 영역에 도전해 성공할 수 있었던 비결이 무엇이었는지 물어봤다.

"솔직함이 아닐까요? 진행자라고 무게를 잡을 필요는 없다고 생각해요. 출연자들과 같은 입장에서 이야기를 들어주고 공감해 줍니다. 또 하나 비결이 있다면 가능한 한 쉽게 진행한다는 점이죠."

방송에서 전문가를 모시거나 특정한 주제를 놓고 대화를 전개할 때 자신 역시 이해하기 어려울 때가 있다고 한다. 하지만 그 전문가들이 비전문가인 자신이 알아들을 수 있도록 한 단계 쉽게 설명하고, 자신은 그것을 청취자가 듣기 좋게 한 단계 더 쉽게 배려해 설명한다고 한다. 모르는 것이 있으면 무조건 질문부터 하고 본다. 사실 청취자들도 자신처럼 답답한 경우가 많을 것 같아서다.

그녀가 진행하는 방송이 쉽고 편안하게 다가오는 것은 청취자에 대한 배려도 있지만, 가능한 한 어려운 이론이나 용어를 개념적으로 해석하려 하지 않고 쉬운 단어를 사용해 특유의 시원한 말투로 전달하기 때문이다.

전문가들이 시사 프로그램을 진행하면 어렵고 논쟁적인데, 김미화는 이를 자세한 설명을 덧붙여 쉽게 진행해 차별화에 성공했다는 평이다.

이영주 한국예술종합학교 예술 연구소 책임 연구원은 한 세미나에서 〈라디오의 새로운 세상 이야기꾼과 이야기 방식 : 김미화의 '세계는 그리고 우리는' 현장 스케치〉라는 제목의 평론을 통해 김미화의 화법을 분석했다. 긴 평론이지만 중요한 대목들을 발췌했다.

"김미화의 화법이나 스토리텔링 방식은 전통적인 시사 프로그램 진행자들과 매우 다르다. 김미화는 적극적인 '감정 이입' 또는 '감정 표현' 의 화법에 익숙하다. 그녀는 어떤 사건·사고를 접했을 때, 누군가의 이야기를 들었을 때 진행자로서 요구받는 냉정함이나 감정 숨김에 익숙하지 않다. 슬픈 일에는 울먹거리기도 하고, 화나는 일에는 분노감을 표출하기도 한다. 좋은 일에는 들뜨기도 한다. 옳지 않다고 생각하면 따지고 들기도 하고, 정치인이나 관료들이 점잖게 언어적 술책을 펼칠라치면 논리 분석을 하듯 반박하거나 질문을 던져 그들을 괴롭히기도 한다…… 또 김미화는 엄숙한 분위기를 요구하는 시사 프로그램의 이미지를 파괴한다. 그녀는 화자에게 장난을 걸기고 하고, 대본에도 없는 대사들을 뻔뻔하게 내뱉는다. 그녀는 유머를 즐기고 스튜디오를 긴장시킨다. 방송 중인 스튜디오 내부에서는 혹시 있을 '방송 사고'의 긴장감과 함께 전혀 예측하지 못했던 김미화의 유머와 장난스러움에 웃음이 터져 나온다. 그녀의 방송은 유쾌하다. 동시에 진지하다. 유쾌하면서도 진지하다는 것. 그리 쉬운 일이 아니다. 그렇지만 〈김미화의 세계는 그리고 우리는〉 스튜디오는 유쾌하면서도 진지하고 느슨한 것 같으면서도 순간적인 긴장감이 수시로 형성된다."

이영주 연구원은 논문 말미에 "'김미화의 세계는 그리고 우리는'은 누군가에게 강조해서 '이것은 꼭 알아야 해요'라고 설득하는 대신 그냥 말을 건넨다. 카페에 앉아 이런저런 세상사들을 서로 나누는 그런 느낌이다. 그래서인지 청취자들 또한 이 형식을 대부분 선호하고 지지한다. 시사 프로그램이지만 진행자는 청취자 위에 서서 계몽자적인 역할을 채택하기보다 스스로 대화를 나누고 싶어 한다. 이 프로그램의 가치는 바로 이러한 적극적인 대화와 소통의 지향성에 있지 않을까?"라고 결론을 내렸다.

성실함은 생명줄과도 같다

이처럼 김미화는 〈심야 토론〉이나 〈100분 토론〉 등 기존 시사물 진행자들을 따라가려고 하지 않고 자신만의 색깔을 만들었다. 그녀는 섣불리 가르치려고 하지 않는다. 냉정하게 진행하기보다 희로애락의 감정을 표현한다.

〈김미화의 U〉에서 게스트와 진솔한 대화를 나눌 땐, 세상을 보는 그녀 특유의 따뜻한 시선까지 느껴진다. 진행 역시 주부들의 눈높이에 맞춰져 있다. 〈김미화의 U〉 제작진이 김미화의 최고 장점으로 '편안함'을 꼽는 이유를 알 만했다.

김미화와 가진 인터뷰에서 방송을 너무 솔직하게 하는 것 아니냐고 질문하자 그녀는 "어제와 오늘의 청취자는 다르잖아요. 그래서 못 들은 분들을 위해 다시 쉽게 설명해 줘요. 저는 일류 앵커나 기자가 되려는 게 아니에요. 코미디언의 색깔을 가지고 갑니다."라고 대답했다.

김미화는 최근 맡은 〈주철환·김미화의 문화 전쟁〉에서도 새로움을 시도하고 있다. 방송을 보면 문화에 대한 내용을 무겁지 않으면서도 날카롭게 다뤄 보려는 의도를 읽을 수 있다. 그녀는, 자신은 엠시지만 문화를 보는 방청객의 입장에서 프로그램을 진행하고 있다며, 무엇보다 문화를 쉽고 재미있게 풀어

가려고 노력한다고 했다.

김미화는 원래 시사 문제에 관심이 많은 건 아니었다고 한다. 그렇다면 그녀가 생소한 분야에서도 장수할 수 있었던 요인은 무엇일까?

뒤늦게 입학한 대학에서 사회복지학을 전공한 게 조금은 도움이 되었지만 더 중요한 것은 따로 있다고 한다.

그녀는 주어진 일에 최선을 다하고 방송국에도 항상 일찍 온다. 무슨 일이든 맡겨만 주면 성실히 잘해내 '믿을 수 있는 사람'이라는 소리를 듣도록 무조건 열심히 한다. 방송 영역은 넓혀 나가지만 그 외 영역은 절대 넘보지 않는다. 연예인들이 흔히 하는 레스토랑, 쇼핑몰 같은 사업이나 부업에도 관심을 두지 않는다고 한다. 김미화는 목표도 설정하지 않는다고 말했다. 하루하루 주어진 것들을 열심히 해 나가 오랫동안 방송에서 쓰일 수 있는 사람이 되는 게 그녀의 평소 소신이다.

'사랑의 열매', '녹색 연합', '나눔의 집' 등 여러 봉사 단체의 홍보 대사를 맡아 선행을 쌓는 것도 게을리 하지 않는다. 자신의 도움을 필요로 하는 곳이 있다는 사실 자체에 고마워하며, 도움이 절실한 곳에 두 팔 걷고 달려간다. 그녀는 오늘도 언행일치의 삶을 살며, 한국의 '오프라 윈프리'가 되기 위해 부단히 노력 중이다.

우리는 종종 선견지명을 가진 한 사람의 혜안이 위기에 빠진 회사를 살려 냈다는 뉴스를 접한다. 이른바 개척자 리더십이다. 남들이 하지 않는, 혹은 누구나 쉽게 할 수 없는 새로운 영역을 개척한다는 건 생각만으로도 가슴 뛰는 일이지만 그만큼 어렵기도 하다.

김미화는 개그우먼이 한 번도 도전한 적 없는 새로운 영역에 뛰어들어 자신만의 색깔로 차별화된 방송을 만들었다. 기존 시각대로라면 개그우먼은 절대로 시사 프로그램 진행자가 될 수 없었다. 하지만 그녀는 시사 프로그램은 딱딱하고 어렵다는 고정관념을 깨고, 쉬우면서도 재미있게 진행해 차별성을 인정받았다.

만약 그녀가 다른 시사 프로그램 진행자와 똑같이 차분하고 다소 형식적인 방식으로 프로그램을 진행했다면 어땠을까? 아마 그녀에 대한 평가는 지금 같지 않을 것이다.

남들이 다 하는 것, 남들과 비슷한 것을 가지고는 당신을 어필할 수 없다. 흉내만 내다가 아무 소득 없이 일을 접어야 할지도 모른다.

새로운 영역에 도전할 때는 생각의 틀을 깨고 관습에서 한 발자국 물러나 보자. 진취적이고 능동적인 자세를 견지하되,

기존의 방식과는 다른 자신만의 색깔을 갖는 게 중요하다. 자기만의 개성으로 독자적인 자리를 만든 사람은 웬만한 도전에도 쉽게 흔들리지 않는다. 남들과 다른 1퍼센트 스페셜 전략을 가져라.

2

임성훈, 프로페셔널의
첫째 조건은 성실성

프로 근성을 가진 사람이 성공한다

'전문 엠시' 임성훈 하면 어떤 이미지가 떠오르는가? 변하지 않는 외모와 분위기, 흥분하지 않는 차분한 진행, 편안한 미소, 이 시대 최고의 엠시 등등 이런 수식어들이 떠오를 것이다.

요즘, 예능 엠시들의 개성이 강조되고 예능 프로그램의 성격이 자극적으로 변하면서 발음이 불명확한 경우는 물론이고 비어, 속어를 남발하는 진행자들이 많아졌다. 하지만 임성훈은 정확한 발음을 구사해 '바른 언어상'을 받기도 했다. 장음과 단음까지 구분할 정도로 일찌감치 말의 중요성을 간파한 엠시다.

"체계적인 교육을 받은 아나운서는 아니지만 방송 매체가 청소년들의 언어생활에 큰 영향을 미친다는 점을 알고, 오래전부터 장음과 단음 등 발음에 대해 전문가에게 자문을 구해 왔어요. 제가 텔레비전 방송에서 엉터리로 말해 어린 세대에게 큰 지장을 초래할지도 모른다는 생각을 하면 나이가 아무리 들어도 신경을 써야 하는 부분이에요. 다행히 표준말을 구사할 줄 알고 발음도 좋다는 얘기를 들어 왔습니다."

임성훈을 아나운서 출신으로 알고 있는 사람이 많다. 그는 1974년 대학생 개그 프로그램의 원조인 TBC(동양 방송) 〈살짜기 옵서예〉에 개그맨으로 데뷔했다. 데뷔 후 정확한 발음과 발성을 인정받아, 이듬해인 75년 1월부터 엠시로 발탁돼 〈가요올림픽〉을 진행하며 지금까지 33년을 전속 없이 프리랜서로 활동해 왔다. TBC에서 예능 엠시로 시작해 KBS로 넘어오면서 교양 프로그램 진행을 맡았다. 80년대 중반부터는 오락과 교양을 넘나들며 편안하고 매끄러운 진행으로 지금까지 쭉 호평을 받고 있다.

그와 가진 인터뷰에서 프리랜서로 활동해 왔는데 불안하지 않았느냐고 물어봤다.

"6개월 인생이죠. 사실 늘 불안하긴 해요. 30여 년을 그렇게 살았죠. 가족에게 미안합니다. 개편 때마다 아내가 제 눈치를 봐요. 일 년에 봄과 가을 두 차례 정기 개편이 있는데 요즘은 주기가 빨라졌고 수시로 개편해 더 힘들어요. 다행히 운이 따라 줘 기적처럼 지금까지 온 것 같아요."

임성훈은 11년 동안 KBS의 인기 가요 프로그램 〈가요 톱텐〉을 진행했다. 최근 맡았거나 현재 맡고 있는 프로그램만도 〈임성훈의 세븐데이즈〉〈솔로몬의 선택〉〈TV는 사랑을 싣고〉〈잘먹고 잘사는 법〉〈순간 포착 세상에 이런 일이〉 등 5개나 된다. 50대 후반의 나이지만 방송 시장은 여전히 그를 찾고 있다.

그에게 수시로 트렌드가 바뀌는 방송 현장에서 경쟁력을 갖게 된 이유가 무엇인지도 물어봤다.

"인기를 노리지 않고 성실하게 하려고 했어요. 주어진 일들은 모두 열심히 했어요. 방송 몇 시간 전에 도착해 스탠바이했지요. 오랫동안 그렇게 하다 보니 시청자들도 믿음직하다고 생각해 주시는 것 같아요. 한 번도 인기를 의식한 적은 없어요. 인기는 뜬구름 같아서 지나가면 남는 건 허무함뿐입니다."

임성훈의 진행에는 몇 가지 특징이 있다. 33년 동안 한 번도 방송 진행을 쉰 적이 없다. 이 기간 동안 적어도 한 프로그램은 맡고 있었다. 그는 공백 없이 계속 시청자들과 만난 게 늙어 보이지 않는 비결이라고 설명했다.

맡은 프로그램마다 장수한다는 점도 특기할 만하다. 그는 33년 동안 한 번도 방송을 펑크 낸 적이 없다고 한다. 말이 쉽지 33년간 방송을 진행하면서 한 번도 빠지지 않는다는 게 그리 쉬운 일인가. 어쩔 수 없이 한 번 빠진 적은 있다고 했다.

1987년 KBS 〈생방송 전국은 지금〉을 진행할 때다. 방송 직전 아버지가 병원 응급실에서 돌아가셨는데, 어머니가 아들이 방송하는 데 부담을 느낄까 봐 안 알려 줘 돌아가신 사실도 모른 채 방송을 마쳤다. 그날, 돌아가신 아버님 앞에서 많이 울어 눈이 퉁퉁 붓는 바람에 다음날 도저히 방송할 수 없어, 결국 양해를 구해 다른 아나운서가 하루 대타를 해 준 적이 있다는 것이다.

그뿐 아니다. 방송 진행 때문에 33년 동안 가족과 여행 한 번 못 갔다. 약간의 짬이 나면 집 근처 헬스클럽에서 운동을 하거나 한강 고수부지에서 자전거를 타는 정도였다. 대체적으로 오전에 방송 하나, 오후에 방송 하나 이런 식이다 보니 다른 곳에서 1박을 할 수가 없었다. 가족들에게는 능력이 되면 각자 여행을 가라고 미리 말까지 해 놨다고 한다.

이쯤 되면 일도 좋지만 일상생활이 너무 재미없는 것 아니냐는 말도 나올 만하다. 하지만 그는 적성에 맞고 좋아하는 일을 하기 때문에 항상 즐겁다고 한다.

"항상 누구를 만날지 기대되고 즐거워요. 적성에 맞지 않는 일을 하며 힘들어하는 사람들도 많은데 저는 행운아죠. 지겨워할 틈도 여유도 없어요."

그는 좋아하는 일인 만큼 철저하게 방송에 임한다. 이제는 방송 분야에서 함께 일하는 엠시나 피디, 작가들 모두 까마득한 후배라 녹화 직전에 대본 한 번 읽어 보고 촬영에 들어가도 뭐라 할 사람이 없을 테지만, 그는 항상 신인의 자세로 치밀하게 준비한다. 후배들보다 먼저 도착해 대본을 숙지하는 것은 물론이다.

"아무것도 모르고 덤비면 안 됩니다. 적을 알고 나를 알아야 게임에서 지지 않아요. 특히 대담 프로그램에서는 출연자의 저서를 읽어 보고, 그 사람의 생각과 사상을 알고 나가야 해요. 프로그램의 특성이 무엇인지, 시청자에게 무엇을 전달해야 하는지에 대해서도 미리 숙지해야 하죠. 대본 잠깐 읽어 보고 들어가면 아무리 순발력 뛰어난 천재라도 힘들어요."

이러한 프로 근성 때문에 맡는 프로그램마다 장수할 수 있었던 게 아닐까?

〈잘 먹고 잘사는 법〉은 6년간 진행했고, 〈TV는 사랑을 싣고〉는 4년이 됐다. 〈TV는 사랑을 싣고〉는 인기를 얻을 만큼 얻어 프로그램의 수명이 끝날 뻔 했는데 임성훈이 진행자로 들어가면서 '용서'라는 코너를 추가해 프로그램을 회생시킨 케이스다. 딱딱한 법률 상식을 오락으로 풀어 나가는 〈솔로몬의 선택〉도 6년이나 장수했다. 〈순간 포착 세상에 이런 일이〉는 박소현과 함께 프로그램 첫 회부터 맡아 10년째 진행하고 있다.

프로의 비밀은 동기 부여

최고의 엠시 임성훈에게 엠시로서의 철학이 궁금하지 않을 수 없었다. 한마디로 출연자에 대한 '배려'가 엠시의 최고 덕목이라고 말한다. 이는 엠시뿐 아니라 좋은 이야기꾼이 되려는 사람이 첫 번째로 갖춰야 할 자질이기도 하다.

그는 좋은 엠시가 되려면 출연자에 대한 배려와 빠른 상황 판단, 상대방 말을 경청하는 자세를 지녀야 한다고 말한다.

"엠시는 말을 잘하려고 하기보다 출연자를 돋보일 수 있게 만들어야 합니다. 그게 시청자들이 원하는 거예요. 엠시는 묻혀도 괜찮아요."

이 점은 임성훈과 같이 일을 해 본 사람들의 입을 통해서도 확인된다.

〈순간 포착 세상에 이런 일이〉의 신용환 피디는 "임성훈 씨는 엠시로서 확고한 철학을 지니고 있다. 많은 엠시들이 자신에게 프로그램을 맞춰 줄 것을 요구하는 데 반해, 임성훈 씨는 자신은 프로그램을 빛내기 위해 존재하는 것이지 자신이 빛나기 위해 프로그램이 있는 게 아니라는 방송 철학을 지녔다. 피디 입장에서는 고마울 따름이다…… 시간 약속을 칼같이 지키는 것은 기본이며 방송 전에도 화면을 보고 중요한 코멘트는 다른 엠시들에게 미리 말해 줄 정도로 철저하다. 방송 작가들까지 팬으로 만들어 버린다. 그러니 진행자로서 장수하지 않을 수 없다."고 말했다.

임성훈과 오랫동안 프로그램을 진행해 온 박소현도 "임 선배님이 외모가 동안이어서 프로그램을 계속 맡는 게 아니라 요즘 돌아가는 트렌드에 대해 감각을 잃지 않고, 남을 배려하며 진행하는 데다, 성품 자체가 좋은 점 등을 시청자들도 아는 것 같다."면서 그 점이 장수 진행의 비결이라고 말했다.

임성훈은 정치권의 출마 제의를 받기도 했고 기업 측으로부터 CEO로 와 달라는 요청을 받기도 했다. 그때마다 송충이는 솔잎을 먹어야 한다며 거절했다.

"내가 잘 못하는 데 가서 꼴찌하는 것보다 잘하는 분야에서 1등 하는 게 나아요. 다른 곳에 눈을 돌리면 방송에는 소홀하게 될 텐데 전 방송이 제 천직이라고 생각해요. 방송을 열심히 하는 것으로 인생을 마무리할 거예요. 그것이 저에게 주어진 인생이라고 생각합니다."

투철한 장인 정신을 지니고 있는 임성훈, 사실 개편 때마다 운 좋게도 다양한 프로그램을 맡을 수 있는 기회가 주어졌지만 몇 개의 프로그램에서는 고비를 겪기도 했다고 한다.

똑같은 프로그램을 오래 하다 보면 누구나 한번쯤 매너리즘에 빠지게 되는데, 그 역시 매너리즘으로 한동안 슬럼프를 겪었다. 그는 그때마다 스스로에게 동기를 부여하고 열정을 북돋으며 슬럼프를 극복해 냈다.

"지금까지 이뤄지든 안 이뤄지든 늘 목표를 세워 일해 왔어요. 목표를 세우지 않으면 나태해지기 쉽거든요. 멋있게 방송을 끝내고 싶습니다."

그의 목표는 CNN의 간판 프로그램이자 토크 쇼의 황제인 래리 킹Larry King이 진행하는, 〈래리 킹 라이브〉 같은 토크 쇼 프로그램을 해 보는 것이다. 연예인뿐 아니라 정치, 경제, 문화, 스포츠 등 사회 각 분야에서 화제를 모은 인물들을 초대해 깊이 있는 대화를 나눠 보고 싶다고 한다.

"제 나이가 벌써 쉰아홉이에요. 이제 출연자보다 나이가 많은 경우가 대부분이라 도전해 볼 때가 됐다고 생각해요. 성공할 자신도 있고요. 부족한 점을 보완해 '래리+α'라는 새로운 의미의 토크 쇼를 만들어 보고 싶어요."

꿈을 가진 사람은 언젠가 그 꿈을 닮아 간다고 하지 않는가. 그의 이름을 건 토크 쇼를 볼 날도 멀지 않은 것 같다.

현대 사회는 모든 분야를 다 잘하는 만능인이 존재하기 어렵다. 갈수록 분야가 복잡해지고 세분화되는 추세라 한 가지 일만 확실하게 잘하면 살아남을 수 있다. 그런데 많은 사람들이 한 가지 일에 손댔다가 안 되면 금세 다른 일을 찾는다. 물론 자신의 적성을 찾아가는 과정에서 다양한 분야를 경험해 보는 것은 좋은 방법이긴 하다. 하지만 한 분야에서 뛰어난 전문가가 되고 싶다면 한길을 걷는 우직함도 필요하다.

아무리 멋있어 보이는 일이라 해도 자신에게 맞지 않으면 오래 해 나갈 수 없다. "요즘은 이 직업이 뜬대.", "요즘 인기 있는 자격증이래." 하고 세상의 트렌드를 무작정 흉내 내는 것보다, 현재 하고 있는 일에 집중해 더 나은 성과를 올리는 것이 프로가 되는 첫 번째 길이다. 계속 새로운 일만 찾다 보면 영원히 초보 인생일 수밖에 없다.

일찍부터 자신이 정확한 발음과 발성을 지니고 있어 진행자가 천직임을 깨달은 임성훈은, 오직 엠시로만 33년을 살아온 전문가다. 그래서 맡는 프로그램마다 편안하고 매끄러운 진행으로 '역시 임성훈' 이라는 호평을 받고 있다.

한 분야에서 오랫동안 실력을 쌓아, 그 분야만큼은 최고로 인정받는 사람을 보면 참 멋있고 닮고 싶어진다. 이런 사람들은 자신의 능력을 객관화해서 볼 줄 알기 때문에 자신과 어울리지 않는 분야에는 눈길조차 주지 않고 오로지 한길로만 매진한다. 앞뒤를 재거나 망설이지 않고 오랜 세월 한 분야에 정진해 성공한 사람들에게는 강한 카리스마가 느껴진다. 같은 길을 걷고 있는 후배들로부터 진심에서 우러나오는 존경을 받을 수 있음은 물론이다.

프로페셔널을 꿈꾼다면 지금 자신이 하고 있는 일에서 최고를 추구하라.

ACTION CODE

프로들의 사소하지만 결정적인 업무 습관!

01 책상은 시테크의 시작이다

책상을 보면 일에 대한 긴장감을 알 수 있다. 특히 업무와 관련된 서류는 깔끔하게 정리해 필요할 때 바로바로 찾아 꺼낼 수 있게 해야 한다. 책상은 더 이상 자신만의 사적 공간에 머물지 않는다. 직장인들에게 책상 정리는 시테크의 기본이자 이미지 메이킹을 위한 고도의 전략이다.

02 절대 허둥지둥하지 마라

시간 약속은 성실성을 가늠하는 척도다. 출근뿐 아니라 회의 시간이 정해지면 먼저 도착해 준비하고, 보고서 제출 기한도 가능한 한 지켜라. 한 시간, 두 시간 제출 기한을 미룬다고 반드시 좋은 보고서가 나오지는 않는다. 절대 시간에 쫓겨 허둥지둥한 모습을 보여서는 안 된다.

03 표현의 달인이 돼라

동료나 상사가 업무에 도움을 주었을 때는 "고마워요.", "고맙습니다." 하고 확실하게 표현하라. 인사도 마찬가지다. 일단 얼굴이 마주치면 타 부서 사람이라도 무조건 인사하자. 미소를 머금은 가벼운 목례는 받는 사람을 기분 좋게 만든다. 그런 작은 예절이 당신의 평판을 결정한다.

04 뒷담화를 하지 마라

업무 중에는 물론이고 술자리에서도 그 자리에 없는 사람의 험담은 가능한 한 하지 마라. 특히 신입 사원의 경우라면 섣부른 투정에도 신중을 기해야 한다. 톡 쏘는 사이다처럼 통쾌한 지적이라도 말을 뱉은 순간 당신의 이미지는 걷잡을 수 없이 추락한다. 절대 야누스가 되지 마라.

05 전화 하나도 똑똑하게 받자

의외로 많은 직장인들이 전화를 잘못 받아, 원치 않는 곤혹을 치르곤 한다. 전화만큼은 딱 부러지게 받자. 통화 중에는 되도록 정확하고 또렷한 표현을 쓰고, 말끝을 흐리거나 정확하게 대답하지 않는 등 상대방을 답답하게 하는 말버릇은 주의한다.

전할 말이 있을 때는 그저 외우려 들지 말고 꼭 육하원칙을 떠올리며 메모하자. 발신자의 이름과 소속, 연락처를 받는 건 기본이다.

06 옷차림도 비즈니스다

언제나 정장을 입을 수는 없더라도 지나치게 어려 보이는 옷차림은 피하는 것이 좋다. 지갑, 구두, 시계 등 잘 보이지 않는 곳에서 당신의 품격이 드러난다는 사실을 잊지 말자. 적어도 지갑, 구두, 시계만은 좋은 것으로 해야 한다.

3

남희석, 새로운 콘텐츠로
날마다 새로워지는 남자

정상과 슬럼프, 모두를 경험하다

남희석은 정상과 슬럼프 모두를 경험했다. 유재석과 함께 1991년 '제2회 대학 개그제'를 통해 데뷔한 후, 그 역시 몇 년 간 무명 시절을 보냈다. 하지만 유재석보다 훨씬 먼저 정상에 올라 인기를 얻었다.

1997년 SBS 〈좋은 친구들〉에서 큰 반응을 얻었고, 1999년부 터 KBS 〈멋진 만남〉 등에 출연하면서 스타 엠시로 전성기를 보냈다. 그리고 2000년 8월, 서울대 치대 출신 이경민 씨와 결혼식을 올렸다. 겹경사라고 불러도 될 만큼 좋은 일이 줄을 이었지만 결혼 이후 그는 몇 년간 극심한 슬럼프에 빠져야 했다. 이에 대해 남희석은 당시 서울대 치대 출신 미모의 여성과 결혼했다는 사실이 항상 자신의 진행 스타일보다 더 크게 부각되는 바람에, 자신의 차별화된 이미지가 없어져 버렸다고 말한 적이 있다.

하지만 그는 좌절하지 않고 맡은 일을 충실히 해 나갔다. 인기가 떨어지니 아무래도 비중이나 방영 시간상 톱 엠시라고 하기 힘든 성격의 프로그램이 주어졌다. 그는 이런 프로그램을 외면하지 않았다. 오히려 착실하게 진행하면서 새로운 전기를 마련하기도 했다.

특히 외국인을 대상으로 한 프로그램을 맡으면서 자신의 관심 영역이었던 '불법 이주 노동자' 문제에 더 깊이 있게 접근할 수 있었다. 외국인 이주 노동자에 대한 그의 관심은, 대중을 타깃으로 한 이미지 제고용이 아니다. 그렇다고 정치를 하기 위한 사전 포석용은 더더욱 아니었다.

그는 외국인 노동자의 고용 허가제를 주창하는 농성장을 방문해 지지를 보냈고, 팬클럽 회원들과 함께 외국인 노동자와 체육 대회를 여는 등 실제적인 관심을 보여 왔다. 이런 활동을 통해 이주 노동자들의 열악한 노동 현실에 분개하고 인간적인 차원에서 도움을 줄 수 있는 방법을 찾기도 했다.

그러다 보니 그에게 새로운 정체성이 생겼다. 개그맨으로 인정받아 예능 엠시로 넘어왔지만 이제는 교양 프로그램도 거뜬히 진행하는 엠시가 됐고, 연예인보다 일반인을 대상으로 한 프로그램을 더 많이 진행하며, 자연스럽게 차별화된 이미지를 갖게 된 것이다.

공익성 오락물인 〈느낌표〉에서는 '산 넘고 물 건너' 코너를 맡아 두메산골이나 외딴섬을 찾아다니며 어르신의 삶과 애환을 소개했고, 〈꼭 한번 만나고 싶다〉와 같은 서민 취향의 교양 프로그램도 오랫동안 성실히 진행했다. 그런 이미지 덕에 개그맨으로는 처음으로 시사 고발물인 〈추적 60분〉 특집을 진행해 합격점을 받기도 했다. 사실 이런 시사 프로그램은 그동안 교양 피디들의 전유물이었다.

가끔 썰렁한 개그로 시청자를 얼쯤하게 만들고 원치 않는 설화에 휘말리기도 했지만, 남희석은 다재다능한 엠시임에는 분명하다. 순발력이 뛰어난 데다 재치를 지녔고, 편안하고 매끄러운 진행은 아무나 가질 수 없는 재주라는 평가를 듣고 있다.

그뿐 아니라 교양과 오락적 요소가 접목된 영역의 진행자로도 잘 어울린다는 점에서 탈장르 시대에 꼭 갖춰야 할 무기까지 지닌 셈이다.

남희석은 〈꼭 한번 만나고 싶다〉를 진행한 게 예능 엠시 스타일에서 자신을 차별화시킨 전환점이 됐다고 말했다. 요즘은 〈미녀들의 수다〉 등 4개의 메인 엠시와 특집 프로그램 엠시로도 자주 등장하면서 다시 전성기를 보내고 있다.

나를 키운 쓴소리

요즘 남희석의 이미지를 가장 잘 보여 주는 프로그램은 〈미녀들의 수다〉다. 이 프로그램은 주한 외국 미혼 여성의 눈을 통해 한국인의 현주소를 앙케트와 토크로 풀어 보는 콘셉트인데, 많은 외국인을 상대하다 보니 진행이 결코 쉽지만은 않다.

국가 간의 문화 차이를 설명한다는 것이 다른 나라에는 문화 비하적인 발언으로 들릴 수 있고 예민한 얘기들까지 대화의 소재로 오를 수 있다. 따라서 진행자는 이 민감한 사안까지도 교통정리를 잘해 줘야 한다.

남희석은 물 흐르듯 부드럽게 진행을 하는 데다 애드리브에

도 강해 〈미녀들의 수다〉 엠시로서 부족함이 없다. 그러나 초창기에는 엠시를 교체해 달라는 시청자의 쓴소리에 가슴앓이를 해야 했다.

그는 이런 악재 속에서도 열심히 방송에만 매진해 지난 연말 〈KBS 연예대상〉 시상식에서 쇼·오락 부문 최우수상을 수상했다. 그는 수상 소감을 말하는 자리에서 엠시 자질 논란이 있었던 지난 시절을 회상하며 눈물을 흘렸다. 또 유재석, 신동엽, 강호동 등 후배 엠시와 동료들에게 열심히 배운다고 수상소감을 밝혀 감동을 주었다.

남희석은 〈미녀들의 수다〉 진행자로서의 고충을 이렇게 설명했다.

"한국인이 미국, 영국, 독일을 바라보는 시선과 미얀마, 파키스탄, 베트남을 바라보는 시선은 달라요. 일본 관련 얘기는 특히 민감하죠. 일본인 출연자는 왜 2명이냐고 따지는 사람도 있어요. 이처럼 다양한 생각과 의견을 충족시켜 주는 게 가장 힘듭니다."

〈미녀들의 수다〉 시청자들은 이 프로그램이 문화에 관한 토론 프로여야 한다는 사람도 있고, 단순히 수다 프로여야 한다는 사람이 있는 등 다양한 견해를 지니고 있다. 출연자들이 털어놓는 이야기에 대해 명예를 훼손할 수 있는 악성 댓글도 많이 달린다.

요즘처럼 자기 의사를 쉽게 표현할 수 있는 시대에 시청자 전체를 만족시키며 진행하기란 매우 어렵다. 하지만 남희석은 그런 점들이 이 프로그램의 매력이라고도 말했다. 타 문화를 수용하는 경험을 할 수 있어 엠시로서 보람을 느낀다는 것이다.

맞는 말이다. 문화란 서로 차이를 인정할 때 함께 발전할 수 있다. 상대의 문화적 특성을 인정해야만 우리의 문화도 인정받을 수 있다. 우리가 타인의 문화를 인정하면 우리 마음도 넉넉해진다. 글로벌 시대에는 이렇게 열린 마음으로 소통하고 관계를 맺어야 한다.

특히 그는 한국으로 시집온 외국인 여성들의 결혼 생활을 소개하고, 사돈끼리 만남을 주선해 주는 〈사돈 처음 뵙겠습니다〉도 진행한 적이 있어 '외국인 프로그램 전문 엠시'라는 별칭도 얻게 됐다. 이들 두 프로그램 모두 일반인을 대상으로 하는 만큼 실수도 많고 배우는 점도 많다면서 연예인들끼리 주고받는 개그가 아니어서 돌발 상황과 의외성이 많다는 점이 이제는 오히려 장점이자 매력 요소라고 설명했다.

새로운 콘텐츠로 머릿속 리필하기

남희석은 인터뷰에서 재능 있는 예능인들이 오랫동안 활동

할 수 있는 문화적 토대가 마련되었으면 좋겠다는 바람을 털어
놓았다.

"사실 우리나라는 관록 있는 40~50대 개그맨들이 설 자리
가 없어요. 일본만 해도 오락 프로그램 진행자는 40~50대 중
년층이 많아요. 그들은 정치, 사회, 문화, 섹스 등 다양한 문제
를 자연스럽게 다룰 수 있는 사람들이죠. 우리는 게임 잘하고
벌칙 잘 받으면 인기가 높아지잖아요."

그래서 그는 수명이 짧은 연예계에서 좀더 오래, 다양한 모
습을 보여 주기 위해 부단히 노력 중이다. 특히 새로운 콘텐츠
를 받아들이는 데 적극적이다. 남희석과 이야기를 하다 보면
3~4시간은 훌쩍 지나가 버린다. 그는 신기할 만큼 이야기 소
재가 풍부하고 항상 아이디어가 넘쳐흐른다. 할 말이 많으니
글 쓰는 일도 즐긴다. 자신이 진행하는 프로그램 게시판에 직
접 글을 올리기도 하고, 한 스포츠지에 고정 칼럼도 집필하고
있다. 평소 책을 많이 읽기로 이미 연예계에 정평이 나 있는 상
태다. 사람들과도 폭넓게 교제한다.

남희석은 초창기에는 주로 연예계 사람들을 만났다고 한다.
예능 엠시로 인기를 얻으면서 더 많은 연예계 사람들과 사귀기
위해 틈만 나면 이들과 술자리를 갖고 많은 시간을 보냈다.

하지만 연예계란 인간관계를 정리하는 데 그리 많은 시간이
걸리지 않더라는 것이다. 연예인이라는 집단이 문제가 있다는

게 아니라, 자신이 연예 활동을 하면서 만들었던 연예계 사람들과의 교제가 잘못됐다는 점을 깨달은 것이다.

이제는 강박적으로 연예계 사람들을 만나려고 하지 않는다. 바쁜 가운데에도 짬짬이 아내와 당구를 치며 여유를 즐기고, 생활 속에서 자연스럽게 만나는 일반인들과 허심탄회하게 대화를 나눈다.

요즘 그가 가장 자주 만나는 사람은 소설가 김탁환 씨다. 자신의 딸이 다니는 유치원에서 학부모로 만났는데, 대화를 해보니 그렇게 재미있을 수가 없다고 했다. 소설 《불멸의 이순신》의 저자이기도 한 김탁환 씨에게 글 쓰는 방법을 배우고 있는 남희석은, 5년 내로 소설가로 등단하겠다는 야심찬 계획을 세웠다.

보통 예능 엠시라면 프로그램 진행 외에도 행사와 업소를 뛰며 부업을 할 법한데 그는 행사 진행 제의를 거절한 채 남는 시간을 오로지 글쓰기 공부에 주력하고 있다. 남희석의 이런 노력은 더 나은 엠시로 진화하려는 준비 작업으로 보인다.

얼마 전 〈미녀들의 수다〉 녹화 뒤풀이 모임에 갔었다. 남희석은 단순히 이 프로그램의 진행자가 아니었다. 그는 출연자들의 멘토이자 카운슬러, 오빠, 삼촌 같은 존재였다. 이 프로그램에 출연하는 여성들은 하나같이 남희석에게 개인적인 얘기를 털어놓고 조언을 구할 정도로 그를 신뢰하고 있었다. 실제 그는 호주인 커티스 레이놀즈 양의 결혼식 주례를 맡기도 했다.

그만큼 남희석은 다양한 사람들과 어울릴 수 있는 친화력을 갖고 있다. 외국어를 잘 못해도 외국인과 쉽게 친해지는 것은 그가 이성이 아닌 감성으로 사람을 만나기 때문이다. 그는 누구와도 술 한잔만 먹으면 바로 친해진다. 주량이 센 데다 술자리를 즐기고 신변잡기에 능해 늘 화젯거리가 풍부하다.

그뿐 아니라 평소 다양한 책 읽기를 통해 상식이 풍부하고, 각계 전문가들과 두루두루 만나 언제나 머릿속 콘텐츠가 새롭게 업데이트 돼 있다. 게다가 그는 사람들과 어울려 담소를 나누는 것을 인생의 낙으로 삼는다.

이처럼 남희석은 특유의 친화력과 세상에 대한 호기심을 바탕으로 무슨 일이든 재밌게 하는 방법을 터득한 사람이다. 이쯤 되면 '생활의 달인'이라고 불러도 좋을 것 같다.

사회생활을 하면서 가장 부러운 사람은 자신의 일을 즐기면서 높은 능률까지 올리는 사람이다. 즐겁게 일하면서 칭찬 듣고 인정까지 받으니 그보다 행복한 일이 어디 있을까?

사실, 일을 잘하는 사람과 일에 중독된 사람은 엄연히 다르다. 워커홀릭Workaholic은 일이 재미있어서 하는 사람이 아니라 일에서 손을 떼면 불안하기 때문에 어쩔 수 없이 매달리는 사람이다. 이런 사람들은 일시적으로 성과를 낼 수는 있지만 어느 지점에 이르러서는 결국 창의력이 떨어지고 바닥을 보이기 쉽다. 워커홀릭에 빠진 사람들에게는 불면증, 불안, 스트레스 같은 병리 현상이 나타나기도 한다. 자신이 한 일에 대해 남이 인정해 주지 않으면 쉽게 화를 내는가 하면 남의 의견이나 업무 방식을 참지 못하고 꼭 참견해야 직성이 풀린다. 조직 구성원들과 부드럽게 융화하고 배려하기보다는 쉽게 적개심을 드러낸다.

반면 일을 잘하는 사람은 일 자체를 즐긴다. 이런 사람들은 일과 여가의 구분이 없다. 일하는 것 같은데 놀고 있고, 노는 것 같은데 일하고 있다. 철학자이자 심리학자로 유명한 로버트 B 스톤Robert B. Stone도 "인생이라는 게임에서 승리하려면 무조건 그 게임을 사랑해야 한다."고 말했다.

남희석은 일과 여가의 경계가 허물어진 생활을 즐긴다. 그러다 보니 '마당발'이 됐다. 하지만 일반적인 마당발과는 다르다. 철학자 질 들뢰즈Gilles Deleuze가 주창한 '리좀(Rhizome 뿌리 줄기식물)'적인 삶, 남희석이 일하고 사람을 만나는 방법은 여기에 더 가깝다. 곧은 뿌리를 중심으로 위계적이고 조직화된 뿌리가 바깥으로 퍼져 나가는 수목樹木 구조에서는 선후배 간의 위계질서가 강조된다. 하지만 중심 없이 사방으로 펼쳐지는 리좀적 구조에서는 어느 누구와도 친구가 돼 뿌리를 내릴 수 있다.

남희석은 〈일간스포츠〉와 가진 인터뷰에서 엠시는 정말 축복받은 직업이라고 엠시 예찬론을 펼쳤다. 스님과 찻잔을 기울이다 친분을 트고, 불량배도 만나 보고, 존경받는 기업인에게 삶의 지혜도 한 수 배우고 다양한 인생 경험을 쌓을 수 있으니 엠시야말로 지상 최고의 버라이어티 쇼라는 것이다. 이 말은 남희석의 사고관, 더 나아가 인생관을 잘 보여 준다. 그는 일 자체를 즐기고 일 속에서 인생을 배운다.

다양한 가치를 인정하는 탈중심화 사회에서는 남희석처럼 어떤 분야든지 침투하고 동화될 수 있는 연계력을 지닌 사람이 리더가 될 수 있다. 자기 분야 사람들하고만 소통하기보다 다양한 분야의 사람을 만나 보고 좀더 적극적으로 새로운 문화를 받아들이는 연습을 해 보자. 그래야 시야와 사고가 넓어진다.

박미선, 편안한 사람을
마다할 조직은 없다

맏언니처럼 푸근한 박미선식 대화법

한국 연예계에서 중년 여성이 왕성히 활동하기란 그리 쉽지
않다. 그래도 연기자는 나은 편이다. 노처녀와 어머니 역도 필
요하고 할머니 역할도 있어야 하니까. 하지만 예능 엠시 쪽으
로 오면 여성은 생존 자체가 어렵다. 현재 버라이어티 예능계
에는 중년 여성이 아니더라도 고정된 여성 메인 엠시가 거의
없다. 조혜련, 정선희, 현영, 박경림 정도가 그나마 자리를 잡
은 고정 패널이다. 절제된 유머와 깔끔한 진행이 특기인 송은
이도 지상파 방송 3사에서의 활동은 미미하다. 그녀는 현재
EBS 〈장학 퀴즈〉를 맡아 진행하고 있다.

예능 프로그램에는 '규 라인(이경규)', '유 라인(유재석)',

'강 라인(강호동)' 등 몇 개의 라인이 있다. 하지만 라인 내에 여성은 한 명도 없다. 그만큼 예능 엠시계에서 여성은 남성에 비해 존재감이 약하다는 증거다. 여성 엠시의 주요 자원이 되는 개그우먼이 적기 때문이기도 하다.

이런 상황에서 개그우먼을 거쳐 40대에도 여전히 현역으로 활동한다면 그 자체로도 대단하다고 할 수 있다. 박미선, 김미화, 이경실 등 '아줌마 개그우먼' 3인방이 그 대표적인 예다.

이들 3명은 아줌마 같은 편안함, 맏언니 같은 푸근함을 바탕으로 각종 프로그램에서 만만치 않은 존재감을 발휘하고 있다.

박미선은 예능 프로그램에서, 김미화는 시사·교양 프로그램에서, 또 이경실은 연기자로 확고한 자리를 차지하고 있다. 특히 요즘 버라이어티 쇼에서 박미선의 활약은 돋보인다. 그동안 라디오 디제이, 연기자, 교양·예능 프로그램 패널로 꾸준히 방송 활동을 해 왔지만 최근 들어 버라이어티 프로그램에서 입담을 과시하며 인기 가도를 달리고 있다.

그 시점은 KBS 〈해피 투게더〉의 고정 엠시로 발탁됐던 2008년 1월부터다. 그전에는 교양이나 예능 프로그램에서 자신에게 주어진 역할을 수행했으나 〈해피 투게더〉 이후로 젊은 스타들이 대거 출연하는 버라이어티 예능물에서 활약하며 진가를 보여 주고 있다.

그녀는 이 프로그램에서 산만한 게스트의 말을 정리하는 역할까지 해내고 있다. 그러면서도 무게를 잡지 않고, 오히려 나이 많은 자신이 먼저 망가져 후배들이 부담감을 느끼지 않도록 편안한 분위기를 연출한다. 〈해피 투게더〉의 한 코너인 '박명수를 웃겨라' 에서 우스꽝스럽게 분장한 '박미선의 굴욕 3종 세트' 는 누리꾼들 사이에서 순식간에 화제가 되기도 했다.

이처럼 방송에서 중년 여성 연예인들이 풀어 가는 편안함과 풍부한 말거리는 폭넓은 연령대의 시청자들을 유인하기에 충분하다.

특히 우리 나이로 42세, 연예계 데뷔 21년째인 박미선은 한 사람의 아내, 엄마, 며느리로서 그간의 삶을 진솔한 '생활 수다' 로 우려내 호응을 얻고 있다. 그래서 그녀는 '국민 이모' 라는 별칭까지 얻었다.

춤과 몸 개그, 개인기는 특출난 게 없지만 토크 하나로 물 흐르듯 프로그램에 잘 스며든다. 요즘 버라이어티에서 가장 절실하게 요구되는 자질이 토크, 즉 입담이다.

그 토크는 정통 토크 쇼에서 질문과 답변 형식으로 주고받는 준비된 이야기가 아니다. 예상하지 못한 상황에서 툭 던지는 리액션 같은 거다. 친구들 사이에서도 인기를 얻으려면 말을 잘하는 것도 중요하지만 친구들 말에 리액션을 잘해 주는 것도 중요하다. 말로 먼저 웃기려고 하면 항상 새로운 소재를 찾아내야 하고, 계속 웃기는 데에도 한계가 있다. 하지만 대화를 나누며 시기적절하게 말을 찔러 넣고 리액션을 취해 주면, 티 안 내고도 모임의 분위기를 주도할 수 있다.

진정한 리더란 말을 많이 하고 인위적인 제스처로 자신이 1인자임을 보이는 사람이 아니라 조용한 가운데 은근슬쩍 모임의 중심인물이 되는 사람이다.

버라이어티에서 이런 순발력과 감각을 지닌 예능인은 흔치 않다. 신봉선은 성대모사와 몸 개그를 잘하고 끼가 많지만 토크 능력은 떨어지는 편이다. 하지만 박미선은 각 상황에 맞춰 자신의 이야기를 너무 튀지 않으면서도 솔직하고 재미있게 풀어내는 재주를 지녔다. 수다를 떨면서 상대방의 이야기를 잘 들어주는 것도 그녀의 장점이다.

KBS 〈러브인 아시아〉에서는 낯선 한국 땅에서 살아가는 외국인 며느리의 사연을 소개하며 같은 며느리 입장에서 이들을 이해해 주고, SBS 〈순간 포착 세상에 이런 일이〉에서는 며느리와 아내, 엄마의 입장을 잘 포착해 낸다. 〈황금 신부〉 〈돌아와요 순애 씨〉 등 드라마에서도 코믹 연기로 감초 역할을 톡톡히 했다.

이처럼 개그우먼으로 출발했지만 예능, 교양, 드라마 등 활동 스펙트럼이 넓은 것도 버라이어티 예능물에서 박미선이 돋보일 수 있는 이유다.

다양한 인생 경험이 이야기의 원천

연예인들은 직업 특성상 방송에서 사적인 얘기를 하지 않을 수 없다. 하지만 조심스럽다. 자칫 잘못 이야기하다가는 이미지를 훼손할 수 있다. 너무 노골적으로 이야기하면 '저런 것까지 이야기해야 하나' 하는 반응이 나올 것이고, 그럴듯하게 포장해 말했다가는 가식적이란 소리를 들을 수 있다.

게다가 리얼 버라이어티의 속성상 실제 있는 얘기를 해야 한다는 강박이 출연자들 사이에 자리 잡고 있어, 사적인 얘기를 재치 있게 전달하는 방법을 잘 아는 연예인들이 좋은 반응을 얻고 있다.

박미선은 그중 한 사람이다. 그녀는 사적인 문제, 특히 가족 얘기를 할 때는 원칙을 갖고 있는 듯하다.

"시청자들은 방송에서 연예인이 '우리 너무 행복해요' 라고 말하면 싫어해요. '남편이요? 꼴 보기 싫어요' 라고 말해야 오히려 좋아하죠. 정말 잉꼬처럼 산다고 하면 배 아파할 수 있거든요. 굳이 거친 말로 표현할 필요는 없지만 약간은 빈틈을 보이며 솔직하게 말해야 시청자들이 편안하게 들을 수 있지 않을까요?"

얼마 전, 박경림은 〈무릎팍 도사〉에 나와 남편 이야기를 했지만 반응이 그리 좋지 않았다. 박미선은 이에 대해 방송에서 남편 이야기를 하기에는, 박경림은 아직 때 묻지 않은 '신혼'이라고 말했다. 신혼 이야기는 좋은 일이건 나쁜 일이건 시청자를 즐겁게 만들기 쉽지 않고, 자주 말하면 오히려 반감을 살수도 있다는 것이다. 그녀는 방송에서 남편 이봉원에 대해서도 솔직하게 털어놓는다.

"이제 아줌마가 다 돼서 그런 건지 모르겠지만 결혼한 지 10년이 넘어가니까 방송에서도 친구들과 얘기하듯 편안하게 얘기하게 되더라고요. 아이 엄마라 별로 쑥스럽지도 않고요."

그녀의 이야기를 들으면, 마치 옆집 아줌마가 남편 험담과 자랑을 섞어 가며 솔직하게 수다를 떠는 것 같은 느낌마저 준다. 그래서 거부감이 가기는커녕 재미있고 공감이 간다. 예능 프로그램의 성격은 점점 강하고 독해지는 추세지만, 박미선처럼 편안한 이야기꾼은 어디를 가나 환영받는다. 그녀는 가장 편안하면서도 기대고 싶은, 그야말로 '국민 이모'다.

그렇다면 그녀의 입담의 원천은 무엇일까?

결혼 생활 10년차, 남편의 사업 실패, 또 음식점과 커피숍, 학원 개원, 주식 투자 등 그동안 자신이 직접 벌였다가 실패를 맛봤던 사업들도 많다. 모두 큰 인생 수업료를 지불한 가슴 아픈 경험이지만, 이 또한 그녀에게는 훌륭한 이야기 소재다.

적당한 유머와 적당한 교양을 편안하게 풀어내 버라이어티 예능물에서 끊임없이 러브콜을 받고 있는 박미선, 그녀는 웃기려고 작정하기보다 나가서 한바탕 논다는 생각으로 편안한 마음을 갖고 방송에 임한 것이 지금의 자신을 만들었다고 말한다.

사람들은 보통 장점은 드러내려고 해도 단점은 애써 숨기려고 한다. 대화를 나눌 때도 자신이 잘한 일은 말하기 좋아하지만, 뭔가 실수한 것이나 구차한 모습, 굴욕적인 경험담들은 숨기고 싶어 한다. 하지만 너무 자신이 잘한 일만 내세우다 보면, 처음에는 호감을 얻을 수 있을지 모르나 점차 거부감을 주게 되는 게 인지상정이다.

사람들과 대화할 때 장점을 말하기 전에 단점을 먼저 말해 보자. 자신의 단점이나 실패담은 상대방에게 오히려 진한 인간미를 느끼게 해 준다.

박미선의 경우 상당히 고참 축에 속하지만 후배들 앞에서 쓸데없이 권위를 내세우지 않고 먼저 빈틈을 보였다. 박미선은 방송이라고 듣기 좋은 소리, 좋은 일, 자랑거리만 얘기하지 않는다. 그녀는 실수담이나 가정생활의 우여곡절 등 먼저 빈틈을 내비쳐 듣는 이의 마음까지 한 꺼풀 벗긴다.

사실 서먹서먹한 분위기를 부드럽게 만들어 주고, 좀처럼 친해지기 어려운 동료나 후배의 마음 빗장을 여는 데는 살짝 약한 모습을 내비치는 방법만큼 좋은 것도 없다.

지나치게 자신 있거나 완벽해 보이는 사람은 존경의 대상은 될 수 있을지언정 호감의 대상은 되지 못한다. 하지만 그렇다고 없는 실수까지 만들어 낼 필요는 없다. 후배에게 쓴소리해야 할 때도 확실하게 하는 게 좋다. 단, 평소 후배의 문제에 자주 귀 기울여 주고 아낌없이 조언해 주는 '멘토형' 선배가 되자. 나이가 들면 후배들과 잘 어울리는 법을 배워야 한다. 고참이 되어도 신참과 자연스럽게 어울릴 줄 아는 누나, 언니, 이모! 편안한 사람을 마다할 조직은 없다.

김홍국, 경청과 호응은
마음을 얻는 최고 수단

이것이 바로 경청 리더십

사람들은 우리 사회가 갈수록 메말라 간다고 한다. 휴대폰과 인터넷 게임, 텔레비전, 디엠비DMB 등 개인 매체와 놀이는 늘어났지만 현대인들은 여전히 소통의 어려움을 겪고 있다. 과거처럼 사람과 사람이 직접 만나 인간미를 느낄 수 있는 기회도 크게 줄어들었다.

그래서 이제는 남의 말을 잘 들어주고 호응만 잘해 줘도 사람들 사이에서 인기 있는 사람이 될 수 있다. 이른바 '경청 리더십'이다.

사실 우리는 감동받기를 원하면서도 감동의 문화가 부재한 시대를 살고 있다. 어른들을 위한 동화인, MBC 드라마 〈고맙습니다>가 별 다른 자극적인 장치와 악역 없이 시청자의 마음을 움직였던 것도 그만큼 감동에 목말라 있기 때문이다. 문화심리학자들은 감동이 없는 사회는 욕구불만과 결핍으로 이어져 구성원들이 우울증에 걸리고 공격성을 띠기 쉽다고 한다. 그러니까 사람들과 더 잘 소통하고 좋은 관계를 유지하려면 먼저 상대의 말에 귀 기울이고 감동해 줘야 한다.

명지대 김정운 교수는 감탄사가 없고 감동의 문화가 없는 허점을 파고들어 성공한 연예인이 '김흥국' 이라고 주장한다. 김흥국은 '으아!' 라는 감탄사 하나로 자신의 브랜드를 만들어 냈다. 그는 사소한 일에도 감동한 표정으로 '으아' 를 연발한다. 요즘은 이 말을 너무 오래 사용했다고 느꼈는지 '아! 방끗' 이라는 말도 함께 사용하고 있다.

상대의 이야기와 장점에 대해 감탄과 찬사를 아끼지 않을 때, 대화는 물론 관계까지 풍요로워진다. 그러나 감탄과 탄복은 경쟁 사회에서 잊혀진 덕목이다.

김정운 교수는 김흥국의 감탄사를 한국인 고유의 정서 교류 방식으로 매우 중요하다고 해석한다.

논리적으로 구구절절 따져 정서를 교류하는 서양인과 달리, 우리는 심정적 동조를 나타내는 한마디 말로도 훨씬 강한 정서를 나눌 수 있다는 것이다. 따라서 김흥국의 감탄사는 남들의 인정과 감탄에 목말라하는 대중에게 은연중 위로가 될 수 있다는 주장이다.

'호랑나비' 이후 10년이 훨씬 넘도록 히트곡 하나 없고, 예능 프로그램에 나와서도 썰렁한 유머를 남발하는 김흥국이 불황을 모르는 것은, 이 지점에 해답이 있다. 이 얘기를 김흥국에게 해 주었더니 그는 "공간 축구를 잘하는 선수가 훌륭한 선수이듯 상대의 마음을 읽을 줄 알아야 대중 스타가 될 수 있어요."라고 맞장구쳤다.

김정운 교수는 또 "김흥국 정도의 능력과 인기라면 다른 사람 같으면 일찌감치 연예계에서 물러났을 것이다. 그러나 김흥국은 오랜 기간 특별한 인기 몰이 없이 꾸준한 사랑을 받으며 활동하고 있다."고 덧붙였다.

'으아' 라는 감탄사 하나가 이렇게 큰 힘을 발휘할지 누가 알았겠는가.

게다가 김흥국의 감탄사는 그의 생김새와 특유의 표정하고도 잘 어울려 시너지 효과를 발휘한다. 이제는 트레이드 마크가 된, 콧수염이 빚어낸 서민적인 얼굴은 대중의 거부감을 희석시킨다. 김흥국의 얼굴은 부자에게 눌린 서민, 어른과 소통하기 힘든 아이들의 만만한 대변자로까지 기능하게 한다. 그래서 길을 지나가면 톱스타보다 더 많은 사람들이 김흥국에게 다가가 악수를 청하고 아는 체를 한다. 그만큼 편한 상대로 여기는 것이다.

들이대면 통한다, 셀프 마케팅의 진수

사실 김흥국을 보면 빠르게 돌아가는 현대 사회의 속도전에 적응하지 못한 외모 때문에, 가끔 찰리 채플린 같은 느낌이 연상될 때가 있다. 물론 그는 이 점도 웃음의 포인트로 곧잘 활용한다.

〈SBS 연예대상〉 시상식에서 라디오 디제이 허수경 씨가 만삭의 몸으로 숨 가쁘게 수상 소감을 말할 때까지도 시상자인 김흥국은 그녀의 임신 사실을 모르고 있었다고 아무렇지도 않게 얘기한다.

김흥국이 MBC 〈브레인 서바이벌〉에서 '낙엽줄' 고정 게스트가 된 것도 결코 우연이 아니다. 낙엽줄은 대중문화의 주소비자인 10~20대들이 조롱하고 싶은 어른 세계를 대변하는, 일종의 치밀한 장치다. 다양한 연령대에 걸쳐 게스트를 출연시켰다는 건 헛소리에 불과하다.

젊은이들이 순발력을 과시하는 동안 시력이 떨어지는 낙엽줄 멤버들은 한 박자 늦는 대응으로 조롱거리가 되며 웃음을 선사했다. 김흥국은 젊은이들을 위해 기꺼이 웃음거리가 돼 주었다. 10~20대의 기쁨조로 전락한 낙엽줄에 김흥국을 대체할 연예인을 찾기는 쉽지 않다.

김홍국이 본격적으로 선보인 '들이대'도 단순한 유행어로 머물지 않고 있다. '들이대'는 대중 혹은 제작자들이 불러 줘야 나갈 수 있는 연예계 매커니즘을 배반한다. 들이댄다고 다 된다면 어느 연예인이 놀고 있겠는가?

그러나 김홍국이 들이대면 통한다는 희소가치를 지닌다. 그런 점에서 김홍국은 평범한 단어인 '들이대'의 유일한 주인이 될 수 있다.

'해병대'와 '들이대' 2개 대학 총장을 자임하는 김홍국이 연예계에서 어디까지, 또 언제까지 들이댈지 궁금해진다. 다양성의 사회에서는 김홍국의 이런 테크닉을 벤치마킹할 필요성도 있지 않을까?

사람들은 자신의 얘기를 잘 들어주는 사람을 좋아한다. 자신의 말만 하는 사람보다 남의 말을 잘 들어주는 사람 곁에 더 많은 친구들이 모이는 법이다. 잘 들어준다는 것은 호응, 즉 감동을 해 주는 것이다.

예능 프로그램에서도 상대방의 얘기에 리액션을 잘해 주는 게스트가 인기가 좋다.

사실 대부분의 모임에서 분위기를 주도하는 사람은 말을 많이 하는 사람이라고 생각하기 쉽다. 그러나 듣는 사람의 배려와 호응이 없다면 아무리 배꼽 빠지는 얘기라도 웃음을 자아내기 어렵다. 모든 대화의 성패는 듣는 이에게 달려 있다고 해도 과언이 아닌 것이다.

우리는 근엄한 유교 사회의 풍토가 몸에 밴 탓인지 어느 나라 사람 못지않게 풍부한 감정을 지니고도, 그 감정을 드러내는 '표현의 문화'가 부족하다.

하지만 인간은 타인이 자신에게 깊이 감동해 줄 때 행복감을 느끼는 존재다.

친구의 얘기를 잘 들어주고, 말하는 사이사이 적절하게 "야", "으아!", "그거 죽인다" 등 김흥국식 감탄사를 활용해 보자. 김흥국의 감탄사는 말하는 사람의 마음속 빈틈을 채워 주는 기능을 한다.

적절한 맞장구와 열렬한 감탄사 그리고 미소 띤 얼굴로 대화에 임하면, 상대는 당신에게 호감을 느낄 것이고 더 많은 이야기를 나누려 할 것이다.

물론 남의 말을 건성으로 듣고 추임새만 넣어 준다면 오히려 상대방은 실망할 것이다. 상대방 입장에서 그들의 생각을 이해하려는 마음가짐을 가지고 경청하는 지혜가 필요하다. 이런 자세로 상대의 말을 듣는다면 충분히 상대의 마음을 움직이게 할 수 있다.

경청의 중요성을 아는 것만으로도 훌륭한 리더가 되는 자질 한 가지를 익힌 셈이다.

05

유쾌한
소통의 기술,
직설 화법

소통의 부재 시대에 가장 필요한 것은 백 마디 유창한 말이 아니라 핵심을 찌르는 한마디 말이다. 겹겹의 포장을 벗기고 실제 모습을 드러낼 때 사람들은 카타르시스를 느낀다.

박명수, 21세기 아이콘은
2인자 리더십

시대가 요구한 인기, 대세를 파악하라

잘생기지 못한 것만으로도 비주류로 분류되는 곳이 연예계다. 얼짱, 몸짱은 얼굴값, 몸값으로 연결된다. 연예인에게 외모는 곧 자본이다.

김희선은 전성기 때 마땅한 개인기 없이 오락 프로그램에 곧잘 출연했다. 간혹 어설픈 마술을 하다가 실수를 하면 미소를 짓는 것만으로도 모든 게 용납됐다. 만약 외모가 떨어지는 여자 연예인이 그랬다면 당장 '쟤 뭐야!'라는 반응이 나왔을 것이다.

그런 점에서 '비非 얼짱'으로 톱스타가 된다는 건 대단한 일이다. 혹자는 다양성을 인정하는 시류 덕이 컸다고 한다. 하지만 여자고 남자고 수려한 외모에 끌리는 것이 인간의 유전적 본능이란 학설을 받아들인다면, 못생긴 연예인의 생존 방식은 그리 간단하게 말할 문제가 아니다.

평범한 외모로 요즘 전성기를 구가하는 연예인으로는 박명수와 김제동을 들 수 있다. 이들은 떨어지는 외모에 주눅 들지 않고 주류 무대에서 독자적인 영역까지 구축하고 있다.

박명수는 오랫동안 오락 프로그램에서 '폭탄'이었다. 짝짓기 프로그램에서는 여성의 선택을 받지 못해 번번이 천명훈, 지상렬 등 남자들끼리 짝을 맺는 비운을 맛봤다. 그는 매번 구박을 받으면서도 자기모멸에 빠지지 않고, 오히려 잘난 척 만용을 부리며 능청스럽게 자신의 사업체를 홍보하기까지 했다. 그래서 박명수의 호통 개그는 거부감을 주기보다 평범한 남녀에게 오히려 대리 만족을 느끼게 한다.

이제 박명수는 오락 프로그램 섭외 상위권 게스트가 됐다. 물론 그의 호통 개그는 시대가 허락한 면이 있긴 하다. MBC 〈섹션 TV 연예 통신〉의 김구산 피디는 몇 년 전만 해도 박명수가 녹화 중 반말로 말하면 촬영을 중단하고 '호통'을 쳐 주의를 준 다음 다시 녹화를 했다고 한다. 어떻게 방송에서 그런 반말을 쓰냐고 혼을 냈다고 한다. 그러나 이제 시청자들이 그 호통 개그를 원한다는 것이다.

호통 개그가 유행이 된 것은 인공적인 것, 가공한 것에 대한 식상함이 크게 작용했다. 텔레비전에서 근엄한 표정을 짓는 스타의 모습은 그 자체로 조롱거리가 되기도 했다. 베일에 싸인 스타가 더 이상 먹히지 않는 탈신비주의에는, 스타도 저잣거리의 일반인들처럼 편안한 이미지가 요구된다.

　가벼움과 직설적임, 털털함, 솔직함이 미덕이 되는 시대에 다소 무례한 호통 개그는 오히려 쉽게 세력을 넓힐 수 있었다. 박명수는 〈조선일보〉 김미리 기자와 가진 인터뷰에서 "요새 애들은 에둘러 말하는 거 딱 질색이에요. 다들 급하죠. 바로 바로 빵빵 터뜨려 줘야 귀에 쏙 박히거든요."라며 자신의 개그가 인기를 끈 이유를 신세대들과 '코드'가 맞아서라고 설명했다. 직설적인 캐릭터가 통하는 시대라면 호통 개그도 먹힐 수 있다는 점을 간파한 것이다.

　그의 호통 개그는 분명 오락 프로그램의 새로운 스타일을 창출했고 시청자에게 시원함을 선사했다.

오를 데 없는 1등보다 늘 노력하는 2등이 낫다

　사실 박명수는 나이 많은 열등생 콘셉트다. 사회로 치면 큰 소리만 치는 무능한 중년 남자가 박명수의 캐릭터다. 별 볼일 없는 상황에서 도리어 호통을 치는 아이러니가 박명수와 딱 맞아떨어진 것도 이 때문이다. 그래서 호통 개그는 그다지 잘나지도 별로 가진 것도 없는 사람들의 심정적 후원을 받는다. 반듯하게 생긴 이휘재나 신동엽이 하면 반감을 살 발언도 박명수가 하면 용납이 되는 것이다.

게다가 그는 자신도 망가지는 걸 즐긴다. 되로 주고 말로 받을 때도 많다. 문제가 된 발언을 할 때도, 그는 다른 출연자들로부터 '얼굴이 저질' 이며 '아이 딸린 40대 재혼남' 이라는 반격을 받기도 했다. 그러니까 호통 개그는 사실은 당하는 개그다. 호통을 쳐 상대에게 '나의 약점을 한번 건드려 줘.' 하고 신호를 보내는 것이다. 그렇기 때문에 뻔뻔스럽게 호통을 쳐도 시청자들은 이를 이해해 준다.

박명수는 또 스스로 2인자를 표방한다. 〈무한 도전〉에서 2인자로 지내는 사이 이제는 1인자의 자리를 넘보는 단계까지 왔다. 그는 OBS 〈쇼도 보고 영화도 보고〉의 윤경철 피디와 가진 인터뷰에서 '넘버 투' 에 대한 자신의 생각을 이렇게 털어났다.

"더 이상 오를 데 없는 1등보다는 늘 노력하게 만드는 2등이 훨씬 낫죠. 메인 엠시를 했다고 넘버원이 아니라 시청자가, 더 나아가 자신이 1등이라는 생각을 했을 때에만 진정한 1등이라고 생각해요."

그는 2인자를 '1위를 꿈꾸기 좋은 위치'라고 해석했다. 그 역시 1인자에게 기죽기보다 오히려 면박을 주면서 차별화를 통해 존재감을 강화시켜 나갔다. 역사는 2인자를 기억하지 않는다고 했지만, 문화 다양성의 시대에는 어설픈 1인자가 되는 것보다 2인자라도 제대로 하는 게 낫다.

박명수는 MBC〈지피지기〉와〈동안 클럽〉KBS〈두뇌왕 아인슈타인〉에서 메인 엠시로 나서며 1인자 역할을 했지만 프로그램 전체를 리드하고 장악하는 능력을 완전히 발휘하지 못해, 이들 프로그램은 모두 조기 종영되고 말았다. 이것만 보면 박명수는 2인자 캐릭터가 가장 잘 맞는 옷이라는 느낌도 든다.

1993년 서경석, 이윤석과 함께 MBC 개그맨 공채 4기로 방송을 시작해 오랜 무명 생활 끝에 자신에게 가장 잘 맞는 옷을 찾은 박명수, 그렇기에 그의 전성기는 오래갈 것 같은 예감이 든다.

이도령형은 지고 방자형은 뜬다

스타를 크게 두 종류로 나눈다면 이도령형과 방자형으로 나눌 수 있다. 과거에는 이도령형 스타가 주류였다면 이제는 방자형 스타가 각광받고 있다. 대중은 거리감 있는 이도령형보다 부담 없는 방자형 스타에 감정을 이입하는 경향이 더 강하기 때문이다. 박명수는 두말할 나위 없이 방자형 스타다. 대중들은 이런 방자형 스타의 높은 인기와 성공에 희열을 느낀다.

박명수가 스타 예능 엠시로 성장하는 데 빼놓을 수 없는 또 하나의 요소는 스토리의 중요성을 잘 안다는 점이다. 박명수에게 〈박명수가 만난 CEO〉의 진행을 맡겼던, OBS 경인 방송 주철환 사장의 말이다.

"박명수가 통닭집을 운영하고 '바다의 왕자' 등 음반을 발표한 것은 절대 대박용이 아니에요. 박명수는 치킨이나 피자를 자신의 스토리 소재로 활용하고 있는, 스토리의 중요성을 잘 아는 연예인입니다."

박명수는 3집 후에는 닭집(3.5집), 4집 후에는 피자집(4.5집)을 냈다고 말하기도 했다. 물론 음반 활동도 개그 활동의 연장선상에서 나왔다고 할 수 있다. 그는 치킨집과 피자집을 운영해 본 경험을 통해 '어설픈 CEO'라는 이미지도 얻었다. 이 이미지로 진짜 뛰어난 CEO들을 초청해, 성공담과 실패담을 들어보는 프로그램을 진행하고 있다. 또 코미디언으로는 최초로 육로를 이용해 북한을 방문하여 개성 공단에 입주한 국내 기업 CEO들을 만나 보고, 이들의 성공기와 근로자들의 근황을 소개하기도 했다. 그렇게 보면 박명수는 참 머리가 좋은 사람인 것 같다. 자신을 두뇌회전이 떨어지고 어벙한 듯 보이게 하는 이미지 메이킹도 머리가 좋기 때문에 가능한 '설정 기술'이다. 21세기 문화 성장 동력이 '스토리텔링'이라면 박명수는 스토리의 중요성을 일찌감치 간파한 사람이다. 세련된 화술을 구사하지도 못하고 스스로 '하찮은 형(찮은이형)'임을 인정하며 '악마'라고 불리는 것도 즐기는 박명수가, 자신을 계속 거성巨星이라고 칭해도 사람들은 웃을 뿐이다. 그러는 사이 그는 어느새 진짜 거성이 돼 가고 있다.

일반인들도 사회생활을 할 때 자신이 1인자, 즉 리더형에 어울리는지 2인자인 조력형에 어울리는지 잘 생각해 봐야 한다. 어느 사회든지 1인자는, 1인자에게 요구되는 특별한 능력을 갖춘 소수만이 될 수 있다. 하지만 1인자만 주목받는 시대는 갔다. 개성 있는 다수는 2인자의 옷을 잘 걸침으로써 마음껏 자신의 매력을 발산할 수 있다. 문화 다양성의 시대인 21세기, 2인자 코드로 새로운 리더십을 창출해 보자.

누구나 일을 하다 보면 자신과 잘 맞는 사람이 있는 반면 뭘 해도 삐거덕거리고 왠지 쿵짝이 맞지 않는 사람이 있다. 하지만 비즈니스 세계에서 내 마음대로 사람을 골라 일할 수는 없다. 그렇다면 어떻게 해야 할까? 그저 팔자거니 하고 자신과 맞지 않는 사람, 자신을 키워 주지 못하는 회사에 붙박이처럼 눌러앉아 신세 한탄만 해야 할까? 그렇지 않다.

평소에 자신과 호흡이 잘 맞는 사람이 누구인지, 누구와 함께 일해야 상승효과를 얻고 더불어 발전할 수 있는지, '콤비 플레이'를 강화할 수 있는 방법을 틈틈이 찾아봐야 한다. 그리고 그 사람과 함께 일할 수 있는 절호의 기회가 찾아왔을 때, 최상의 성과를 창출해 환상의 콤비 플레이를 연출하면 된다. 그리고 콤비 플레이는 상하 관계가 아닌 역할 분담에 의해 효율을 강화시켜야 한다.

박명수와 유재석은 서로 윈윈 전략으로 찰떡같은 콤비 플레이를 보여 준다. 사람들은 박명수가 유재석에게 묻어간다고 생각한다. 그럴 만도 하다. 함께 출연하는 프로그램이 많은 데다 자신의 캐릭터를 잘 살려 주는 유재석이 있었기에 전성기도 가능했다는 평이다. 게다가 박명수가 단독 엠시를 맡아 홀로서기한 프로그램이 줄줄이 폐지되자 묻어간다는 설이 신빙성을 더하고 있다.

하지만 박명수와 유재석의 관계는 어느 한쪽이 일방적으로 도움을 받는 관계가 아니라, 함께 어울림으로써 최고의 시너지 효과를 발휘하는 '윈윈 관계'다. 말하자면 방송에서 한 사람이 실수를 저지르면, 다른 한 사람은 이를 재빨리 수습해 오히려 웃음을 유발하고 재미를 극대화하는 식이다. 유재석 역시 박명수가 있어 풍부한 화제를 펼쳐 보일 수 있고 진행에도 완급 조절을 할 수 있다. 이 둘의 관계는 과거 '뚱뚱보와 홀쭉이' 등 비주얼로 승부한, 개그 콤비의 현대판인 셈이다.

한 사람이 모든 분야에 뛰어날 수는 없다. 성격이나 개성 역시 사람마다 다르다. 중요한 것은 자신의 능력을 어떻게 발휘해 매력으로 만들어 내느냐. 이를 극대화하는 데 도움이 되는 동료와의 관계 맺기는 그래서 중요하다. 서로가 서로를 활용할 줄 아는 지혜를 가졌다면, 그 두 사람은 이미 1인자 – 2인자 관계가 아니다. 여기서 2인자는 2등급 리더십이 아니다.

주변을 둘러보라. 쿵! 하면 짝! 하고 장단을 맞추는 사람, 나와 딱 맞는 최고의 콤비를 찾아보라.

김구라, 아무도 대신할 수 없는 온리 원이 돼라

Only1 전략, 자신만의 색깔을 찾아라

김구라는 원죄原罪가 있는 연예인이다. 인터넷 방송 시절 특정 연예인들을 실명화해 욕을 한 죄다. 하지만 현재 그는 지상파 방송에서 몸이 열 개라도 모자랄 정도로 많은 프로그램에 출연하고 있다.

김구라는 인터넷(욕)→케이블(욕설)→지상파(독설)의 과정을 거치며 박명수의 호통 개그와 같은, 여느 비호감 개그와 완전히 차별화된 '독설 개그'를 선보이고 있다.

김구라는 KBS 라디오 디제이로 지상파에 입성했지만, 그를 예능 프로그램에서 유목민으로 떠돌지 않고 정착하게 해 준 프로그램은 KBS의 〈불량 아빠 클럽〉이었다. 거기에서 그는 오랜

음지 생활을 해 온 탓에 경제적인 면을 최우선시하는 '생계형 발언의 대가'라는 확실한 캐릭터를 구축했다.

이는 인터넷 방송 시절, 자신이 했던 독한 욕설도 먹고 살기 위한 생존 전략이었다는 인식을 심어 주는 데 기여했다.

특히 아들 동현이의 활약으로 그의 이미지는 조금 더 좋아졌다. '안티'를 부르는 혀가 지상파에서 지속 가능한 출연자로 바뀐 것이다.

그의 시원한 입담에 대해서는 통쾌하다는 사람도 있고 여전히 불쾌하다는 사람도 있다. 하지만 지난해 5월 〈무릎팍 도사〉 김구라 편을 본 사람들은 대부분 "김구라 씨 정말 재밌다. 과거가 좀 그렇긴 해도 웃긴 건 인정해야 한다."는 반응을 보였다.

그는 이 프로그램에서 다른 게스트라면 도저히 따라올 수 없는 입담을 과시했다. 그의 애드리브와 재치는 강호동 도사뿐 아니라 유세윤과 올라이즈 밴드 등 '새끼 도사'들의 전의를 상실하게 만들었다. 그중 진행자인 강호동을 평가한 대목은 압권이다. 그는 강호동을 두고 단어 구사에 한계가 있는데도 억지로 유식해 보이려고 한다며 차라리 국내 최초로 무식한 엠시가 되라고 말했다.

김구라는 돌려 말하지 않는다. 여자에게는 필요한 게 없으면 말을 걸지 않는다는 발언부터 저평가된 출연료를 높이고 싶어 〈무릎팍 도사〉에 출연했다는 발언까지, 그의 말은 항상 거침이 없다. 때로는 발칙하기까지 하다.

하지만 그게 김구라를 다른 사람과 구분 짓는 차별화 포인트인 것 같다. 자신을 오물로 비유하면서 "냄새가 나는데 포장을 하려면 힘들다. 제품으로만 말하고 싶다."고 선언하는 그. 어쨌든 요즘 김구라는 최고의 나날을 보내고 있다.

그는 현재 10여 개의 예능물에서 활발하게 활동하고 있다. 활동 영역도 꽤 넓은 편이다. 예능 엠시, 시사평론가, 라디오 디제이, 팝 전문가 등 다양한 분야를 두루두루 섭렵하고 있다. 그뿐 아니라 사회 전반에 걸쳐 다양한 이슈를 자신의 시각으로 해석해 전달할 줄 안다. 그래서 개그맨으로는 드물게 시사 풍자 프로그램을 진행할 수 있는 박식함을 지니고 있다.

이미 인터넷 방송 시절부터 날카로운 시사와 연예 풍자로 인기를 끌었던 만큼, 지상파로 첫 입성한 FM 방송에서도 그날그날 이슈를 콕 집어내 날카롭게 비꼬면서 좋은 반응을 얻었다. FM 방송은 복잡한 세상사와 한발 떨어진, 아름답고 차분한 이야기들이 주가 될 거라고 생각하게 마련이다. 하지만 2005~2006년 방송된 KBS 〈김구라의 가요 광장〉은 FM 방송의 고정관념을 깼다는 평가를 들었다.

당시 이해찬 총리의 땅 투기 의혹이 불거지자 김구라는 이 총리가 주말 농장을 하겠다고 사들인 땅이 잡초만 무성한 들판이 된 것을 두고 세 글자로 줄여 '해찬들'이라고 불러야 한다고 말했고, 고소득 직종의 사람 중 17퍼센트가 월수입을 200만원 이하라고 신고한 것을 두고는 월수 200만 원이 맞다. 이 사람들 얘기는 월요일하고 수요일에 버는 돈이 200만 원이라는 소리라고 일침을 놓기도 했다.

일부에서는 FM 방송에서 시사적인 이야기를 할 필요가 있느냐는 의견도 있었지만 대부분은 '시원하고 통쾌하다'는 반응이었다. 일반적인 시사 프로그램처럼 무겁고 복잡하게 풀어나가는 게 아니라, 짧으면서도 강하고 재미있으면서도 날카로운 김구라의 지적이 통쾌함을 안겨 준 것이다. 같은 시기 케이블 채널 MBN에서는 시사만평 형식의 〈김구라의 언중유골〉을 진행하기도 했다.

김구라는 평소 시사 풍자를 위해 많은 노력을 한다. 《구라가 살아야 나라가 산다》《웃겨야 산다》라는 두 권의 책을 냈고, 매주 한 종합지에 칼럼을 기고한다. 신문은 정치면부터 먼저 보며 인터넷을 보더라도 뉴스와 수치 등 정보만 본다고 한다.

그런 박식함에 자신의 독설을 잘 버무려 톡 쏘아 줄 수 있는 능력, 김구라가 빛나는 요인이다.

사실, 같은 독설을 해도 어울리는 사람이 있고 그렇지 않은 사람이 있다. 독한 말인데도 마음 상하게 들리지 않고 피식 웃게 해 주는 사람, 식당에서 욕쟁이 할머니에게 몇 십 년씩 욕을 먹어 가면서도 단골이 되는 경우가 여기에 해당하지 않을까.

인기를 얻고 사는 연예인들은 평범한 시청자들을 대리 만족시켜 줘야 한다.

특히 어렵고 신 날 일이 없는 시기일수록 사람들은 불만이나 욕망을 시원시원하게 표출하는 이들을 선호한다. 하지만 호통이나 욕설로 콘셉트를 유지하려면 어느 정도 삶의 희로애락을 깨달은 중후한 이미지여야 한다.

박명수, 김구라, 이경규 등은 나이도 들었고 삶의 굴곡도 어느 정도 지니고 있는 만큼 대중들이 공감대를 형성하지만, 유세윤, 신봉선, 조원석 등 비교적 젊은 연예인들은 처음에는 호통으로 반짝하더라도 계속 유지하기에는 그 연륜이 짧다.

김구라의 경우 연륜도 연륜이지만 독설을 감칠맛 나게 순간적으로 포착해 사용할 줄 안다. 독설은 그냥 무작정 뱉는다고 듣는 사람의 속이 후련해지는 것이 아니다. 아무도 자신 있게 표현하지 못하는 것을 용감하게 지적해야 듣는 사람들이 공감한다. 그렇지 못하고 독한 단어를 남발하다가는 저질이 돼 버리기 십상이다.

그는 인터뷰에서 자신의 인기 요인에 대해 이렇게 말했다.

"시대가 변한 거죠. 저는 예전에도, 지금도 크게 달라진 게 없어요. 박명수도 예전부터 호통을 치곤 했는데 지금 시대에 딱 맞아떨어졌잖아요. 거창하게 시대에 맞아떨어졌다기보다 꾸준하게 색깔을 유지했는데 운이 좋은 거였죠. 사람들이 체면 때문에 말 못하던 것을 제가 거칠지만 직설적으로 말해 주니까 그런 점을 좋아하는 분이 있는 것 같아요. 특별한 전략 같은 건 없어요. 'Number 1' 보다는 'Only 1' 전략이라고나 할까. 베스트가 되고픈 생각은 없어요. 저는 강호동, 유재석 같은 사람이 될 능력은 없지만 제 색깔은 있어요. 물론 비난의 여지는 있지만 방송에서 착한 사람만 있다는 것도 이상하지 않나요? 제 색깔 그대로 편하게 방송하고 싶어요."

물론 김구라의 화법을 일상에서 그대로 적용하기는 힘들다. 괜한 오해를 사거나 어쩌면 뺨을 맞을 각오까지 해야 할지도 모른다.

하지만 대화에도 추임새가 있듯 독설도 하나의 추임새라고 생각하면, 정당성이 인정되는 독설과 공감이 가는 내용의 독설을 적재적소에 가미하면 사람들에게 충분히 호감을 줄 수 있다. 가끔은 속에 담고 있던 말을 차라리 솔직하게 해 버리는 편이 더 효율적인 의사소통이 될 수 있는 것이다.

현대는 유머 감각이 풍부한 사람들이 각광받는다. 독설마저 자연스럽고 구수하게 구사하는 사람을 선호하게 된 것도 이런 분위기와 연관이 있을 것이다.

답답하고 복잡한 세상을 살아가면서 누군가 시원하고 직설적인 말로 대리 만족의 쾌감을 느끼게 해 주고, 가려운 등을 긁어 주었으면 하는 바람. 그래야 세상 살맛이 난다는 사람까지 있으니 김구라의 직설 화법은 당분간 계속 인기를 모을 것 같다.

지혜로운 독설의 조건

김구라의 직설 화법은 관습과 예의, 형식에 치우친 사회 분위기에서 마음속 생각을 마음껏 표현하지 못했던 사람들의 답답함을 시원하게 풀어 주었다. 하지만 똑같은 말이라도 대상을 누구로 잡느냐에 따라 지혜로운 직언이 되기도, 표독스러운 독설이 되기도 한다.

요즘 김구라의 독설은 그런 점에서 다소 위태롭다. 그의 막말과 독설의 대상은 힘없는 연예인들까지도 포함하고 있기 때문이다.

〈해피 투게더〉에서 세 명의 여성 아나운서와 함께 출연한 가수 솔비에게 "웬 이물질이 끼어 있냐."고 말했을 때는 보는 이의 불쾌함을 가중시킨다. 신봉선, 김신영, 지상렬, 윤정수, 김경민 등 다른 게스트들에게도 막말이 이어졌다. 그러나 짙은 선글라스를 끼고 출연한 신해철에게는 아무 소리도 하지 못했다.

김구라는 〈라디오 스타〉에 함께 출연하는 김국진에게도 이혼과 골프 등 과거의 아픔을 수시로 건드려 웃음의 소재로 삼고 있다.

사실 독설의 대상이 약자에게 향할 때는 단순한 독설이 아니라 언어폭력으로 불거질 수도 있다. 이제 김구라의 직설 화법은 나이 어리고 만만해 보이는 사람을 대상으로 하기보다 힘 있는 사람을 향해야 한다. 자신에게 대항할 수 없는 약자에게 상처를 주지 말고 권력을 남용하는 강자에게 날카로운 직언을 날려 카타르시스를 느끼게 해 주는 것, 김구라에게 시청자들이 거는 기대도 여기에 있기 때문이다.

사람들의 눈 밖에 난 다음, 뒤늦게 점수를 따고 평판을 바꾸려고 하는 건 엎질러진 물을 도로 담는 일만큼이나 어렵다. 이미 형성된 편견을 깨고 우호적인 평판을 얻으려면 엄청난 노력과 전략이 필요하다.

김구라는 자기 전략 강화를 잘해 '밉상'에서 '익살꾼'으로 성공한 사람이다. 그는 하루아침에 옷 갈아입듯 캐릭터를 바꾸지 않고, 자신의 캐릭터 그대로 솔직한 모습을 한결같이 보여 줬다. 얼렁뚱땅 부자연스럽게 넘어가기보다 '나란 사람은 원래 이래.' 하고 정면 돌파한 것이다. 그 한결같은 캐릭터가 어느새 사람들 마음을 사로잡아, 이제 텔레비전 프로그램에서 김구라가 빠지면 허전하다, 김빠진 사이다 같다는 반응까지 나오고 있다.

'원 톱' 체제에서는 김구라가 필요 없지만 6~8명이 출연하는 버라이어티 예능 체제에서는 김구라를 대신할 사람이 없다. 남다른 생각 체계, 남다른 전략으로 확실하게 자기 개성을 구축한 것이다. 어떤 조직이건 '파워 엘리트' 1인이 끌고 가는 시대는 지났다. 이제는 김구라처럼 자기 개성이 뚜렷한 사람들이 모인 집단, 조직이 앞서 나가게 마련이다.

조직 안에서도 어떤 사람들은 늘 당당하게 자기 소신을 밝히고 아닌 건 아니라고 화끈하게 말하는데도 오히려 인기 좋고 잘나가는 사람이 꼭 한두 명씩 있지 않은가?

솔직 화법을 구사하지 못해 마음고생이 심한 이들에게 이런 부류의 사람들은 때로는 부러움의 대상이 되기도 한다.

꼭 하고 싶은 얘기라면 바로 해야 한다. 혹시 이런 얘기를 하면 오히려 내 입장이 우스워지지 않을까 전전긍긍하며 마음에만 담아두는 것은 좋은 습관이 아니다. 두고두고 '그때 이렇게 말했어야 했는데.' 하고 아쉬워하다 보면 점점 소심해져 제자리에 못 박혀 버리게 된다.

이제부터라도 솔직하고 또렷하게 의사를 전달해 보자. 그게 전략인 사람들도 있다.

06

도전, 상상을 현실로 바꾸는 힘

이루고 싶은 목표에 날개를 달아 주는 건 오로지 용기, 도전할 때다. 넘지 못할 장벽은 없다. 넘기 힘든 장벽이 있을 뿐이다. 지금 당장 숨이 차더라도 한 걸음만 더, 1미터만 더 달려 보라. 한 걸음, 그 사소한 차이가 인생의 방향을 바꾸어 놓는다. 도전하지 않는다면 아무것도 변화시킬 수 없다.

조혜련, 그녀만의 블루오션
성공 전략

도전, 그 달콤한 고통을 즐겨라

나는 2005년 10월, 한류와 관련된 기사를 쓴 적이 있다. 배용준이 일본에서 욘사마 열풍을 일으키고 아시아 광고 시장에서 할리우드 스타들을 몰아낸 데에는 '문화 할인율Cultural discount'이 크게 작용했다는 기사였다.

문화 할인율이란 문화권 간 문화 상품의 교류 가능성을 평가하기 위한 지표로, 문화 상품이 일단 국경을 넘어서면 이질감으로 인해 자국에 비해 소비자의 호응도가 떨어지는 현상을 일컫는다. 문화권 간 차이가 크지 않을 경우 자신의 문화적 경험을 크게 깎지 않아도 다른 문화권의 내용을 쉽게 이해할 수 있다. 이런 경우 문화 할인율이 낮다고 말한다. 예컨대 〈동물의 왕국〉 같은 프로그램은 할인율이 낮아 어느 문화권에나 통용될 가능성이 높다. 〈대장금〉 같은 사극 드라마가 중국에서 큰 인기를 모은 것도 문화권 차이가 그리 크지 않아서다.

그러나 코미디나 개그 프로그램의 경우 상대방의 문화를 깊게 이해해야 한다. 즉 자신의 문화적 경험을 크게 깎아 내리면서 남을 이해해야 하는 것이다. 이런 경우 문화 할인율이 높다. 이 점에서 개그우먼 조혜련이 일본에 진출한 것은 연기자나 가수들의 일본 진출보다 훨씬 더 어렵고 가치 있는 성과로 평가되어야 한다.

이듬해 신동엽의 결혼식장에서 우연히 조혜련을 만났을 때였다. 그녀는 나를 보자마자 대뜸 "기자님이 내가 일본 진출 못한다고 썼죠?" 라고 묻는 게 아닌가. 분위기가 '어디 한번 보자. 내가 일본에서 자리를 잡나 못 잡나.' 하는 식이었다.

나는 순간적으로 조혜련이라는 사람은 정말로 승부 근성과 도전 정신이 강하다는 걸 직감했다. 그 기사가 자신을 비난하는 내용이 아니었는데도, 그녀는 자신을 언급한 기사를 기억하면서 승부감을 다짐하는 기회로 활용하고 있었다. 작은 에피소드지만 이런 마음가짐이 그녀가 개척자적인 연예 활동을 할 수 있는 원동력이 아닌가 싶다.

조혜련은 개그우먼으로는 처음으로 일본 거대 엔터테인먼

트사인 '호리프로Horipro'와 매니지먼트 계약을 체결하고 일본에서 활발하게 활동하고 있다. 한국에서 개그우먼으로, 예능 엠시로 완전히 자리를 잡았는데도 사서 고생을 하는 그녀를 보면 '대단하다'는 말밖에는 달리 표현할 수식어가 없다.

그녀는 일본에서 연예 활동을 하는 데 가장 중요한 요소는 참는 것, 즉 인내라고 털어놨다.

"일본어 구사는 오히려 둘째 문제예요. 가장 필요한 건 신인의 자세로 만나는 사람마다 허리 굽혀 절을 해야 한다는 점이죠. 한국에서는 18년 경력의 고참급 연예인이지만 일본에서는 이를 알아주는 사람이 아무도 없어요. 그 점이 힘들죠."

그녀는 또 일본 매니저는 한국과 달리 운전을 하지 않는 데다 매니저나 코디네이터를 둘 수도 없어, 한동안 공항에서 내린 짐을 들고 지하철과 택시를 번갈아 타고 다녔다고 전해 줬다. 자신을 알리기 위해 후지 TV와 TBS 등 방송국 피디들에게 일일이 인사하러 다니기도 하고, 눈도장을 확실히 찍기 위해 김을 명함처럼 들고 다니며 방송 관계자들에게 돌렸다고도 했다.

그뿐이 아니다. 조혜련의 일과는 원더우먼이 아니면 소화할 수 없을 정도로 빡빡했다. 월~수요일은 국내 방송국 녹화, 목~일요일은 일본 활동으로 시간을 보내고 있다. 주중에 일본 신문사에서 인터뷰 요청이 들어오면 일본까지 날아가 인터뷰를 하고 곧바로 귀국해 그날 저녁 국내 방송국 녹화에 참가하기도 했다.

그렇게 해서 일본 지상파 방송에 고정 출연하고 있고, 일본 진출 3년 만에 일본 연예인들이 가장 서고 싶어 한다는 NHK 〈홍백가합전_매년 12월 마지막 날에 최정상의 연예인들이 홍팀과 백팀으로 나뉘어 벌이는 노래 대항전〉 무대에도 올랐다.

현재는 TBS 버라이어티 쇼 〈선데이 일본〉에 고정 출연해 한국인 대표로서 한류 소식을 전하고 있다. 그녀는 일본 방송에서도 개성 있는 개그로 사람들을 웃긴다. 엉뚱하면서도 적극적인 그녀의 개그 감각은 일본 스타일과 달라 현지 시청자들로부터 '참신하고 재미있다' 는 호평을 받고 있다. 좋은 평가에 힘입어 TBS의 격주 프로그램인 〈아이치 떼루〉에도 패널로 출연 중이다.

그녀는 MBC 〈섹션 TV 연예 통신〉과 가진 인터뷰에서 한국을 알리기 위해 방송 출연 시에는 항상 한복을 입는다면서, 욘사마만큼 유명한 사람이 될 때까지 열심히 노력하겠다고 각오를 밝혔다.

2006년에는 간사이 TV의 최고 인기 토크쇼 〈오조마마피〉에 출연해 높은 시청률을 기록하기도 했다. 이 프로그램에서 조혜련은 고교 시절부터 익혀 온 일본어를 강한 악센트로 구사해 일본 시청자에게 깊은 인상을 심어 주었다. 자신이 구사하는 일본어와 일본 현지어의 차이를 이용해 폭소를 유발한 그녀는,

언어의 묘미를 살릴 줄 아는 개그우먼으로 가능성을 입증해 보였다.

"솔직히 일본어는 반은 들리고 반은 안 들려요. 토크 쇼 패널 중 오사카 사투리를 쓰는 사람도 있어 이해하기 힘들 때도 있어요. 그러나 한국의 오랜 방송 경험에서 터득한, '치고 들어가는 유머 감각'이 일본에서도 많은 도움이 된 것 같아요. 일본에서 쇼 프로그램 출연자들은 중년 연예인이 대부분이에요. 우리와 다르죠. 40~60세에 전성기를 맞는 연예인이 많다는 점은 참 부러워요. 한국 방송에서도 장수의 전략을 찾고 있어요."

한국과 일본 양국 활동이 힘들 텐데도 자신은 편안히 놀지 못하는 성격이라며, 대중들도 자신을 보면서 힘을 낼 수 있다면 좋겠다고 한다. 참으로 조혜련다운 답변이다.

그녀는 남들이 어렵다는 일, 결과가 불투명한 과제에 일단 도전한 후 거기서 발생하는 상황들을 오히려 기회로 활용해 자신만의 전략을 다져 나간다. 누구는 이를 '뻗치기' 전략이라고 하지만 웬만해서는 자신을 부각시키기 어려운 무한 경쟁 시대, 그녀의 용감한 시도는 분명 배울 점이 많다.

자신을 재료로 쓸 줄 아는 여자

만능 재주꾼이자 여전사 조혜련은 연기를 위해서라면 몸을 사리지 않고 망가지는 투혼을 발휘한다. 하지만 무조건 망가진다고 해서 인기를 끌 수 있는 건 아니다. 개그의 참신성이 떨어지면 독하게 망가져도 성공한다는 보장이 없기 때문이다. 열심히 성실하게 하는 것 외에도 대중의 마음을 사로잡을 수 있는 자신만의 개성이 필요하다.

조혜련이 다른 개그우먼과 다른 점은 자신을 버린다는 데 있다. 많은 연예인이 자기 자신을 버리지 않은 채 대중과 교감한다. 자신을 버리는 데서 오는 민망함과 성공에 대한 불안감을 떨치기 힘들어서다. 생김새는 물론 목소리와 동작까지 영락없이 '골룸'으로 변신한 조혜련의 모습은 자신을 완전히 버려야 도달할 수 있는 경지였다.

주철환 OBS 경인 방송 사장은 "조혜련은 자기 자신을 재료로 쓸 줄 아는 방송인이다. 골룸이 되기 위해 자기를 버리는 것은 연예인의 살신성인일 수 있다."라고 말했다.

그녀는 과거 인터뷰에서 방송 중 열심히 들이대는 것은 자신이 설정한 콘셉트였다고 털어놓은 적이 있다. KBS 〈여걸 식스〉에서 6명의 여성 출연자 중 자신을 드러낼 수 있는 유일한 전략이었다고 말이다. 얼굴이 예뻐 새침하게 앉아 있을 수 있는 상황도 아니고, 춤과 노래를 멋들어지게 할 수도 없어 열심히 들이대는 모습에서 시청자들이 즐거워하지 않을까 하고 생각했단다. 젊고 예쁜 연예인들이 하기 싫어하는 분장을 하고 엽기적인 표정을 짓고, 때로는 엉뚱한 몸짓으로 방정을 떠는 게 자신의 역할이라고 했다.

음반 발표도 엉뚱하지만 그녀다운 특성을 엿볼 수 있는 부분이다. 1집 '아나까나'는 수준 미달로 지상파에서 방송 불가 판정을 받았다. 그 사실을 털어놓을 때도 전혀 부끄러움이 없었다. 기죽기는커녕 2집을 낸 신나는 댄스곡 '가라'를 부르며 넘치는 끼를 보여 주었다.

그동안 코미디는 흉내 내기가 많았다. 하지만 조혜련은 이 수준을 벗어나 자신을 완전히 버리고 거기에 강력한 파워를 덧입혔다.

예능 피디들은 자신의 프로그램을 부각시키기 위해 강한 인상을 줄 수 있는 요소를 집어넣는 경우가 종종 있다. 피디들 사이에서는 이를 '독약을 친다'고 표현한다. 처음에 조혜련은 이 기능을 수행하기 위해 프로그램에 투입된 경우가 많았지만 이제는 자신이 프로그램을 주도하는 입장이 돼 버렸다. 〈여걸 식스〉〈웃는 데이〉 등은 이러한 조혜련식 프로 근성이 잘 묻어나는 코너였다.

하지만 2년 전쯤부터 콘셉트를 조금 바꿨다. 매번 같은 스타일로 방송을 하면 대중이 지겨워할 수 있어 서서히 방향을 전환해 왔다. 〈환상의 짝꿍〉〈지피지기〉〈하이파이브〉 등에서는 조금 덜 들이대고 남편과 가족에게 기대는 전략(?)을 가끔 활용한다고 했다. 무조건 들이대는 게 아니라 코너의 성격에 맞춰 자신의 개성을 극대화시키는 방향으로 변화를 준다고 한다.

〈여걸 식스〉 시절에는 어린 남자를 유난히 밝히는 나이든 아줌마 콘셉트였지만 지금은 중성적인 이미지가 강하다. 그녀는 이제 '형' 같은 느낌을 주고 싶다고 한다. 방송에서 집에 가면 아이들이 자신을 '아빠'라고 부른다는 말을 자주 하거나, 남편에게 전화를 거는 것도 그런 이유에서다.

물론 조혜련의 개그에 대해서는 호불호가 있을 수 있다. 아무 데나 들이대는 스타일이 부담스럽다는 사람도 있다. 음반을 내면서도 악플에 시달렸고 일본에 진출할 때도 망신살 뻗치는 거 아니냐는 반응도 있었다. 그러나 저 나이에도 자신을 기꺼이 재료로 쓰며 당당하게 망가질 줄 아는 프로 의식에 박수를 보내는 팬이 더 많아지고 있다. 그건 자신감과 성실함, 인내심에 대한 보상의 의미도 있을 것이다.

지금은 종영됐지만 〈여걸 식스〉 녹화는 밤 10시에 시작해 이튿날 아침 8시나 돼야 끝나는 고된 방송이었다. 꼬박 밤을

새우는 녹화장에서 그녀는 가끔 야한 이야기, 무서운 이야기를 해 가며 스태프의 졸음을 쫓아 주고 분위기를 띄웠다. 그녀와 같이 일해 본 사람들은 조혜련이야말로 녹화장의 피로회복제라고 말한다.

100미터 단거리 달리기가 아니라 오래 달리기로 승부를 보는 조혜련. 일을 향한 그녀의 열정은 본받을 점이 많다. 한 방향으로 씩씩하게 매진하는 태도 역시 높이 평가할 만하다.

새로운 일에 도전하는 것은 누구에게나 어렵다. 그렇다고 현실에 안주하고 만다면 발전은 기대하기 어렵다. 요즘처럼 변화의 속도가 빠른 시대에 현상 유지는 곧 퇴보를 의미한다. 끊임없이 새로운 일에 도전하는 사람들이 세간의 화제를 모으며 인정을 받는 것도 그러한 이유 때문이다.

세계 각국의 재난 지역을 돌아다니며 구호 활동을 벌이는 한비야 씨나 GE(제너럴 일렉트릭)의 전 회장인 잭 웰치Jack Welch는 항상 새로운 일에 도전하는, 리더의 표상이다.

새로운 일에 도전하기 위해서는 우선 목표가 확실해야 한다. 그 다음에는 목표를 달성하겠다는 열정과 추진력을 지녀야 한다. 그리고 목표가 하룻밤 꿈으로 끝나지 않도록 착실하게 준비하고 실천에 옮겨야 한다. 하지만 처음부터 너무 거창한 계획을 세우는 것은 좋지 않다.

열심히 하느라고 했는데 목표에 못 미친 적이 많았다면, 일차적으로는 확실한 의지를 가지고 추진했느냐에 대한 고민을 해 봐야 한다. 그 다음에는 목표의 크기가 너무 컸던 것은 아닌지, 현실적으로 실천하기 어려운 것은 아니었는지를 살펴볼 필요가 있다.

처음부터 큰 목표를 세우기보다 지금 당장 할 수 있는 작은 것부터 계획을 세우고 꾸준하게 실천하는 것이 좋다.

조혜련이 개그우먼으로 일본에 진출한다고 했을 때만 해도 무모한 계획이라며 그녀를 만류하는 사람들이 많았다. 하지만 그녀가 독하게 일본어 공부에 매진하는 것을 보고는 사람들도 시선을 바꾸었다. 몇 달 동안 일본어 학원에 다니는 수준이 아니라 웬만한 회화는 가능하도록 철저하게 파고들었다. 그 덕분에 그녀는 일본에서 무리 없이 프로그램을 진행하며 일본어의 절반 이상을 알아들을 수 있게 됐다.

이렇게 굳센 의지를 가지고 차근차근 실행에 옮겨 나가다 보면 마침내 큰 산을 정복할 수 있다.

박경림, 정상에 서고 싶다면
사람부터 얻어라

꿈꾸는 자에게 불가능은 없는 법

박경림은 초창기 '가난하지만 씩씩한 돌발 소녀' 이미지로 인기를 얻었다. 그녀는 고교 재학 시절인 1996년 이문세가 진행하던 MBC 라디오 〈별이 빛나는 밤에〉의 코너 '별밤 뽐내기 대회'에 출연하면서 이름을 알렸다. 독특한 목소리로 자신을 '동명여고의 비비안 리'라고 소개하며, 재치 있는 입담을 과시해 당시에도 화제를 모은 바 있다.

데뷔 이후에는 텔레비전 예능 프로그램 등에서 조숙하면서도 적극적인 자세로 자신을 부각시켜 나갔다. 나이에 어울리지 않게 강한 친화력과 뛰어난 사교술을 갖고 있어 그 자체가 훌륭한 성공 포인트가 되기도 했다.

1998년 1월, KBS 〈이소라의 프러포즈〉를 통해 텔레비전에 첫선을 보인 이후 MBC 〈일요일 일요일 밤에〉〈목표 달성 토요일〉, KBS 라디오 〈박수홍·박경림의 FM 인기 가요〉, SBS 〈박수홍·박경림의 아름다운 밤〉의 엠시를 맡았고 강호동, 유재석과 함께 〈X맨〉을 진행하며 친근한 이미지를 쌓아 올렸다.

지금도 여전히 여러 프로그램을 진행하며 방송가를 휘젓고 있다. 방송 경력만 해도 벌써 10년이 넘었다. 엠시뿐 아니라 연기, 음악, 뮤지컬, 저술 등 손 안 대는 곳이 없을 정도로 활동 영역도 방대하다.

MBC 청춘 시트콤 〈뉴 논스톱〉과 SBS 〈귀엽거나 미치거나〉에 주연급으로 출연해 좋은 연기를 보여 주었고, 앨범 '박고테 (박경림 고속도로 테이프 만들기)' 프로젝트로 20만 장의 판매고를 올렸다. 2년간 미국 유학을 다녀온 직후인 2004년 6월에는 《박경림 영어 성공기》라는 영어 입문서를 내 베스트셀러에 오르기도 했다. 2007년에는 뮤지컬 프로듀서로도 데뷔해 또 한번 다재다능함을 입증했다.

언뜻 보면 무모한 시도일 것 같은 일을 박경림은 척척 잘도 해낸다. 그녀는 뮤지컬 〈헤어스프레이〉의 프로듀서가 되기 위해 무려 15차례나 이 뮤지컬을 봤다. 재즈에도 관심이 있어 재즈 보컬리스트 윤희정 씨에게 창법을 배우고 함께 텔레비전에 출연해 그동안 갈고 닦은 실력을 보여 주기도 했다.

그뿐 아니라 버라이어티 예능물에서 안정적인 이미지를 구축하고 나면, 30대쯤에는 경제 프로그램을 진행해 볼 계획까지 갖고 있다고 한다. 이를 위해 요즘은 숭실대 국제통상대학원 PB(자산관리)학과 석사 과정에 등록해 다양한 경제 이론을 공부하며 '경제 엠시'로서의 소양을 키우고 있다. 박경림이야말로 '무한 도전'이라는 수식어가 딱 맞는 방송인이다.

그녀가 발표한 앨범 주제곡 '착각의 늪' 랩 파트를 보면 이같은 도전 정신이 잘 나타나 있다.

"프로듀서에는 박수홍 소속 가수에는 박경림/모두들 안 된다고 했지만 우리는 결국 해냈어/난 정말 가난이 싫어 여러분 한 번만 도와주세요/영원히 잊지 않을게요"

그녀는 예쁜 외모가 아님에도 종종 꽃미남 스타들과 스캔들이 났다. 스캔들이 났다기보다는 박경림이 스캔들을 퍼뜨렸다고 보는 게 정확하다. 엉뚱하지만 이것 역시 박경림식 사교력이고 친화력이다. 박경림은 늘씬하고 예쁜 여성들이 독차지하는 화장품 CF까지 찍었다.

다른 사람이라면 엄두조차 못 내는 일을 그녀는 용감하게 해낸다.

그녀만의 사람 관리, 이제는 디지털 인맥이다

박경림 하면 떠오르는 첫 번째 수식어는 '마당발'이다. 그녀의 결혼식엔 연예계뿐 아니라 각계각층의 인사가 총출동했다. 웬만한 대한민국 연예인들은 다 모인 것 같았다. 당시 하객은 무려 2500여 명이나 됐다. 박경림에게 청첩장을 받지 못한 연예인은 소외감을 느꼈을 정도였다.

이명박 전 서울시장(현 대통령)과 히딩크 전 한국 국가 대표 축구팀 감독, 정몽준 의원, 유인촌 씨(현 문광부 장관)도 하객으로 참석했다. 박경림은 연예계 선후배나 비슷한 또래뿐 아니라 황신혜, 김을동 씨 등 나이 차이가 많이 나는 연예인, 어떻게 안면을 텄을까 궁금해지는 정치인까지 정말 다양한 사람들과 친밀한 관계를 맺고 있다.

여기에는 분명 그녀만의 비법이 있을 것이다. 그녀는 어떻게 20대라는 젊은 나이에 이렇게 많은 사람들을 얻을 수 있었을까?

그녀의 인맥은 학연, 지연, 혈연을 통한 것보다 정서적 교류를 통한 인맥이 훨씬 많다. 김용섭 '날카로운 상상력 연구소' 소장은 '아날로그 인맥과 디지털 인맥의 차이'라는 글을 통해 이런 인맥을 '디지털 인맥'이라고 정의했다.

김 소장은 "아날로그 인맥은 수직적인 반면 디지털 인맥은 수평적이다. 학연, 혈연, 지연 등 아날로그 인맥은 자신이 원한다고 만들어지는 것이 아니라 대부분 주어지는 성격이 강하다. 하지만 디지털 인맥은 스스로의 의지에 의해 만들고 싶은 인맥을 만들어 나갈 수 있다는 점이 특징이다."라고 말했다.

박경림은 아날로그 방식으로 다가가 사람을 얻고 디지털 방식으로 그 관계를 유지한다고 볼 수 있다. 그녀는 자신보다 나이가 많은 사람에게는 깍듯이 예의를 지킨다. 상대를 어려워하며 형식적 관계만 유지하는 게 아니다. 도움을 받을 수 있는 건 받고, 자신이 도와줄 수 있는 건 적극적으로 도와주는 수평적 관계다.

이는 김 소장이 규정한 디지털 인맥 관리 방식과도 상통한다. 김 소장의 말이다.

"자신에게 도움이 될 사람이나 공간이라면 언제든 함께 할 수 있는 것이 디지털 시대의 인맥이다. 디지털 인맥은 서로 공유하고 새로운 연결을 확산시킴으로써 새로운 정보와 기회를 얻는다."

하지만 아무래도 관계를 맺는 사람이 많으면 관리하는 것도 보통 노동이 아닐 것이다. 아는 사람이 많으면 살아 나가는 데 도움이 되는 건 사실이지만, 그 관계가 소원해지지 않으려면 더 많은 노력이 필요하기 때문이다. 때로는 이벤트도 열어 줘야 하고, 소소한 기념일들을 먼저 챙겨 주는 센스도 필요하다. 이에 대해 박경림의 생각을 직접 들어 봤다.

"평소 알고 지내는 사람들과 연락이 뜸하다고 해서 '이 사람 한번 만나 봐야지' 하는 식으로 관계를 유지하지는 않아요. 아는 연예인들과 전화 통화도 자주 하지 않는 편이에요. 어쩌다 텔레비전 드라마에서 김을동 선생님이 연기하는 모습을 보면 김 선생님에게 '연기 변신 좋습니다' 하고 문자를 보내고, 길을 가다 전광판 광고에 황신혜 선배가 나오면 전화를 해 광고 잘 봤다고 연락하는 식이에요. 물론 제가 힘들 때 도움을 준 분들은 평생 잊지 말자는 게 제 신조죠. 이문세 오빠나 저에게 기회를 준 피디 분들은 꼭 챙겨요. 그 외 일하면서 만나는 사람들에게도 최선을 다해요. 친한 사람들과는 물론 즐겁게 만나고 있죠. 그렇다고 아는 사람들하고만 일을 하려는 주의는 아니에요. 낯을 가리지 않는 성격이라 새로운 사람들을 만나는 걸 즐깁니다."

그녀는 폭넓은 대인 관계를 토대로 자신만의 인맥 관리 비법과 그간 만나 온 사람들의 이야기를 담은 에세이도 최근에 출간했다.

박경림이 '별밤지기'로 돌아오자 이문세, 박광현, 이휘재, 옥주현 등 역대 '별밤지기' 외에 김장훈, 박수홍, 정일우 등 인기 게스트들이 대거 스튜디오로 와 그녀의 디제이 입성을 축하해 줬다.

　그녀는 자신의 인맥만으로도 웬만한 일을 수행할 수 있다. 그녀에게 사람은 무엇과도 바꿀 수 없는 큰 재산이자 경쟁력이다. 이러한 인맥이 배타적인 방향으로만 가지 않는다면 그녀가 일하는 내내 큰 힘이 되어 줄 것은 분명하다.

　누구에게나 하루는 24시간이다. 하지만 어떤 사람은 하루 24시간이란 동일한 조건에서 많은 사람을 사귀고 친분을 쌓는 반면, 어떤 사람은 친한 사람 하나 없이 언제나 방구석만 긁는다. 일하랴 출장 가랴 바쁜 업무 속에 사람까지 관리하려면 몸이 열 개라도 모자란다. 그렇다고 인맥을 관리한답시고 매일 사람을 만나 술을 마실 수도 없는 노릇이다.

　사람들은 흔히 '인맥 관리'라고 하면 시간과 비용, 거창한 노력이 따르는 줄 안다. 하지만 시간을 잘 쪼개 활용하면 사람 관리는 그렇게 어려운 게 아니다.

　박경림이 어린 나이에 '마당발 인맥'을 관리해 나갈 수 있었던 것도 결코 시간이 많아서가 아니다. 서로 부담을 느끼지 않는 선에서 소통하는 방법을 알고 있기 때문이다.

버스나 지하철에서 꾸벅꾸벅 조는 시간, 회사에서 커피 한 잔에 나른한 몸을 깨우는 시간, 업무 중 자투리 시간을 활용하면 바쁜 일과에 부담을 주지 않는 선에서 인맥 관리를 할 수 있다. 주기적으로 문자 메시지를 보내고 연락하자. 단, 서로 공감대를 충분히 형성하지 않았는데 지나치게 자주, 특정한 화제 없이 연락하는 것은 오히려 상대방에게 부담을 줄 수 있으니 주의해야 한다.

만만하게 대화를 나눌 수 있는 '편한 사람' 이라는 인상을 주는 것도 중요하다. 인맥을 쌓으려면 우선 상대에게 도움이 되고 필요한 존재가 되어야 한다. 자신을 잘 표현하지 않는 소극적인 사람은 사람을 많이 사귈 수 없다. 하지만 상대에게 편한 사람만 되어서도 곤란하다. 신뢰할 수 있고 능력도 있으며, 또 그 능력을 상대에게 베풀 줄 아는 관용과 아량도 지녀야 한다.

박경림은 자신이 만든 인맥을 관리하기 위해 매번 사람을 만나는 수고는 하지 않는다. 대신 자투리 시간을 이용해 연락을 하고, 가끔 상대의 일이나 생일 등 기념일에 메시지를 보내 관심을 표현한다. 자신이 힘들 때 도움을 줬던 사람들은 잊지 않고 꼭 챙긴다. 나름대로 자신만의 원칙이 있다.

하지만 박경림 같은 마당발도 조심해야 할 것이 있다. 대개 이런 사람들은 지나치게 외향적이고 적극적인 성향이 많다. 처음 관계를 트는 데는 이런 적극성이 도움이 되지만 말실수를 하거나 괜한 오해를 살 때도 있다. 친해지는 일은 어려워도 멀어지는 것은 한순간이다. 항상 상대 입장에서 한 번 더 생각한 다음 말하고, 자신의 인적 네트워크를 배타적이지 않게 활용하는 지혜를 배운다면 진짜 '사람을 낚는 어부' 가 될 수 있다.

ACTION CODE

관계의 달인이 되는 체크 리스트

인맥 관리는 곧 성공 관리다. 지금 당신의 성공 관리는 어떠한가?

01 사람을 만났을 때 낯을 가리지 않는다
그렇다 □ 보통이다 □ 아니다 □

02 휴대폰에 500명 이상의 번호가 저장돼 있다
그렇다 □ 보통이다 □ 아니다 □

03 자신이 직접 주선해 만든 모임이 있다
그렇다 □ 보통이다 □ 아니다 □

04 한 달에 한 번 이상은 꼭 참여하는 동호회가 있다
그렇다 □ 보통이다 □ 아니다 □

05 모임 내에서 총무, 회장 등 주요 직책을 맡고 있다
그렇다 □ 보통이다 □ 아니다 □

06 남녀를 불문하고 소개팅을 시켜 달라는 요청이 쇄도한다
그렇다 □ 보통이다 □ 아니다 □

07 한 달 평균 주고받는 명함 개수가 각각 20장 이상이다
그렇다 □. 보통이다 □ 아니다 □

08 자신의 소개로 새로운 관계가 형성되는 일이 종종 있다
그렇다 □ 보통이다 □ 아니다 □

09 일주일에 한 번 이상은 외부 사람과 점심 약속이 있다
그렇다 □ 보통이다 □ 아니다 □

10 주변 사람들의 경조사를 꼼꼼히 챙긴다

그렇다 □   보통이다 □   아니다 □

11 생일에 적어도 30명은 축하 문자를 보내온다

그렇다 □   보통이다 □   아니다 □

12 주말마다 식사 약속, 술 약속이 잡힌다

그렇다 □   보통이다 □   아니다 □

13 어느 자리에서나 먹히는 풍부한 이야깃거리가 있다

그렇다 □   보통이다 □   아니다 □

14 받은 명함은 명함첩에 넣어 체계적으로 관리한다

그렇다 □   보통이다 □   아니다 □

15 업무상 문제가 생겼을 때 조언을 구할 사람이 있다

그렇다 □   보통이다 □   아니다 □

16 늦은 시간이어도 전화 한 통이면 달려 나와 줄 친구가 있다

그렇다 □   보통이다 □   아니다 □

17 사람 만나는 자리가 제일 즐겁다

그렇다 □   보통이다 □   아니다 □

그렇다 15개 이상 : 사람이 가장 큰 자산임을 아는 당신은 관계의 달인!
그렇다 10개 이상 : 그런대로 평균은 가지만 더 실속 있는 관계로 발전하
는 데 집중하자.
그렇다 5개 이상 : 좋은 인맥은 곧 경쟁력! 박경림식 디지털 인맥 관리를
따라해 보자.

신봉선, '오버형 캐릭터'가 사랑받는 법

나는 어떤 캐릭터? 자신만의 캐릭터를 찾아라

요즘은 버라이어티 예능 프로그램에 진출해 적응한 것만으로도 후한 평가를 내려 줘야 한다. 면박과 막말로 이전투구의 양상까지 보이기 때문에, 그 장단에 맞춰 너무 직설적으로 방송을 했다가는 비호감이 돼 버리고, 조용하고 차분하게 방송하면 실력 없는 방송인으로 과소평가될 가능성이 있다. 한마디로 어느 장단에 맞춰야 할지 절제의 선을 지키기가 힘들다.

오랫동안 쉬다가 복귀해 재기의 기회를 노리는 김국진이 처음에 쉽게 자신의 색깔을 찾지 못한 것도 이 때문이다. 솔비는 자신의 존재를 부각시키기 위해 직설적인 화법을 구사하다가 악플에 시달리기도 했다.

하지만 개그우먼 신봉선은 오버하고 설레발 치는 모습을 자주 보여 주고 있는데도 좋아하는 사람들이 꽤 많다. 그녀는 버라이어티에서 아직 확실한 캐릭터를 구축하지 않았지만 몸을 사리지 않는 과장 연기와 입담으로 좋은 반응을 얻고 있다. 자신의 과장된 캐릭터를 분위기를 띄우는 정도에서 적절히 활용하기 때문이다.

신봉선은 '오버형 캐릭터'다. 오버형 캐릭터의 숙명은 악성 댓글과 반드시 친해진다는 점이다. 이런 캐릭터의 사진이나 기사 밑에는 '너무 설친다', '진상이다'라는 댓글이 달리게 마련이다. 신봉선 역시 튀는 전략을 구사하지만 이런 설화를 일으킨 적은 없다.

물론 그녀가 호감을 유지할 수 있는 데에는 부담이 가지 않는 평범한 외모와 거기에서 나오는 서민적인 이미지가 크게 작용했다. 신봉선은 자신의 외적인 이미지를 캐릭터 콘셉트와 잘 조화시킨 예능인 중 하나다.

개그 프로그램에서 인기를 얻어 예능 프로그램으로 넘어와도 성공적으로 안착한 경우는 매우 드물다. 현재는 정형돈과 유세윤 정도가 왕성하게 활동하고 있다. 정형돈은 버라이어티에 출연하면서 공개 코미디 프로그램을 포기했고, 유세윤은 개그와 버라이어티 두 가지를 병행하고 있다. 신봉선도 개그와 버라이어티 두 마리 토끼를 잡고 있다. 그녀가 버라이어티에 잘 적응할 수 있었던 것은 온몸을 던지는 개그 외에도 다른 요인이 있었다.

대중문화 평론가 강명석은 "신봉선처럼 텔레비전에서 이름이 많이 불려진 사람은 없었다. 〈개그 콘서트〉의 '뮤지컬', '대화가 필요해' 코너에서 신봉선은 항상 '봉선이' 였다. 그녀는 자기 자신이 예능의 캐릭터가 된 흔치 않은 케이스." 라고 해석했다. 신봉선은 캐릭터 구축이 필수인 버라이어티에서 새로운 캐릭터를 만들 필요가 없었다는 말이다.

〈해피 투게더〉에서 박명수, 유재석과 말싸움에서도 밀리지 않고, 외모를 비하해 면박을 줘도 기지를 발휘해 잘 넘긴다. 이제는 신동엽과 함께 〈샴페인〉을 공동 진행할 정도로 성장했다. 2005년 KBS 공채 개그맨 20기로 데뷔해 만 3년 동안 이뤄 낸 성과치고는 정말 눈부신 발전이다.

하지만 예능 프로그램의 고정 캐릭터가 되기 위해서는 지금처럼 '단타' 만으로는 한계가 있다. 버라이어티는 '옳지 않아', '짜증 지대로다' 등 유행어를 히트시켜 돋보이는 개그 무대와는 다르다. 흘러가는 상황 속에서 웃음 포인트를 만들어 낼 줄 아는 순발력을 더 길러야 한다. 성실함과 열정만으로는 한계가 있다. 웃기지 못하면 안 된다는 강박감을 갖고 예능물을 공부하듯 소화하기보다 프로그램을 즐기면서 해야 보는 사람이 부담을 느끼지 않는다.

  신봉선은 "제가 아직 버라이어티 프로그램을 많이 하지 않아 완전히 적응했다고 판단하기는 이른 것 같아요. 저의 튀는 언행은 프로그램을 재미있게 하기 위한 장치예요. 오버하는 상황에서도 항상 강약 조절을 위해 노력하고 있습니다. 남 얘기에도 귀 기울이고 연예계 선배들에게도 조언을 많이 구해요. 조혜련 선배는 일본 진출 때문에 바쁜 와중에도 음반 발표에 다이어트 비디오까지 정말 열정적으로 일하는 분이에요. 배울 점이 많죠. 박미선 선배에게는 자기 얘기를 어떻게 풀어 가는 지를 배워요. 연예계는 선택하는 게 아니라 선택받는 곳이잖아요."라고 말했다.

그녀는 선배들과 프로그램을 진행하며 본격적인 '엠시 수업'을 받고 있다. 귀한 가르침을 들려줄 선배가 있다는 건 상당한 행운이다. 그녀의 인기가 언제까지 갈지는 확신할 수 없지만 적어도 지금처럼 적극적인 자세로 새로운 것들을 습득해 시청자들에게 보여 줄 거라는 점만은 확실하다.

학창 시절 선생님과 친구들에게 별로 주목받지 못하고 늘 죽어지내던 친구가 훗날 사회에 나와 굴지의 기업에서 높은 직급을 달고 승승장구하는 경우를 심심치 않게 보았다. 발표 시간만 되면 말을 더듬던 버벅 대장이 커뮤니케이션 전문가로 활동하거나 치명적인 부끄러움증으로 속 끓이던 친구가 억대 세일즈 왕이 되기도 했다.

뭐 하나 잘난 것 없고 인기도 별로였던 사람이 자기 분야에서 발군의 실력을 발휘하며 세련된 커뮤니케이션을 구사하는 모습을 보면, 부러움을 넘어 상대적인 박탈감까지 들게 된다.

하지만 관점을 바꿔 생각해 보라. 단점투성이였던 친구가 자신의 약점을 극복하기 위해 얼마나 피나는 노력을 했겠는가?

완벽하게 태어나는 사람은 없다. 자신의 단점에 비관하지 말고 그것을 딛고 일어서기 위해 부단히 노력해라. 당장은 나아질 것 같지 않아도, 극복하려는 노력을 시도한 사람과 그렇지 않은 사람은 머지않아 큰 차이를 보이게 된다.

신봉선은 데뷔 초만 해도 유난히 안티가 많았다. 인터넷 누리꾼들의 외모 비하 악플로 상처를 받기도 했다. 하지만 그녀는 절대 의기소침하거나 죽어지내지 않았다. 오히려 외모를 이용해 열심히 개그를 펼쳤고, '오버 캐릭터'를 자신만의 브랜드로 만들었다. 선배 연예인들에게 조언을 구하고 길을 물으며 부지런을 떨었고 실력을 키우는 데 최선을 다했다. KBS〈개그콘서트〉'봉숭아학당' 코너에서 유머러스하게 뱉던 "45억 원의 가치, 움직이는 벤처 기업"이라는 말은, 이제 정말 현실이돼 가고 있다.

누구에게나 단점은 있다. 조금 고단하고 힘들어도 자신을 방치해 두지 마라. 열정적으로 움직여야 기회가 온다! 세상은 무기력해 보이는 사람을 비켜 간다.

EXTRO ● ● ●

집단 토크 쇼 시대, 뜨는 엠시의 조건

정덕현 대중문화 칼럼니스트

수평적 대화의 시대, 토크 쇼에서 살아남기

〈투나잇 쇼〉로 잘 알려진 자니 카슨Johnny Carson이나, 그 계보를 이어받은 제이 레노Jay Leno, 그리고 역시 토크 쇼의 귀재로 동명의 쇼를 진행하는 데이비드 레터맨David Letterman 같은 이들은 혼자 북 치고 장구 치는 1인 엠시 체제를 꽤 오랜 세월 동안(투나잇 쇼는 거의 50년 가깝게 장수했다.) 유지해 왔다. 우리나라에서도 한때 1인 엠시 체제의 쇼가 유행했던 적이 있다. 〈자니윤 쇼〉, 〈주병진 쇼〉, 〈이홍렬 쇼〉, 〈이주일 쇼〉, 〈서세원 쇼〉, 〈김형곤 쇼〉 등등이 그것이다. 그 이름만 봐도 한 시대를 풍미한 개그맨들이라는 걸 알 수 있다.

하지만 이런 형태의 토크 쇼는 이제 과거의 일이 되어 버렸다. 이제 대세는 집단 토크 쇼다. 한 명의 엠시가 아닌 여러 엠시들이 나와 말들을 쏟아 낸다.

인터넷 환경을 닮은 집단 토크 쇼

이것은 정확히 '쏟아 낸다'는 표현이 맞다. 과거 1인 엠시 체제의 토크 쇼에는 기본적으로 질문−답변이라는 순서가 있었다. 하지만 집단 엠시 체제에서는 이러한 순서가 거의 무시된다.

〈명랑 히어로〉에서 김성주가 좀 진지하게 어떤 이야기를 시작하려고 하면, 김구라는 아예 그 이야기 자체를 끊어 버리고 자신의 이야기로 방향을 돌린다. 그리고 김구라의 이야기 도중에도 신정환은 계속 엉뚱한 이야기로 맥을 끊으려 노력한다. 심지어 카메라가 신정환을 잡고 있는 와중에도 말들은 계속 튀어나온다. 그것은 자막의 형태로 마치 만화를 보는 것처럼 화면 속에 들어온다.

집단 토크 쇼의 묘미는 글로라도 카메라 앵글에 잡히고 싶어하는 이들이 쏟아 낸, 엄청난 말의 상찬上饌에 있다. 아마 옛날 토크 쇼 방식에 더 익숙한 사람이라면 이 정신 산란한 말과 글자가 범람하는 화면을 보며 고개를 절레절레 저었을지도 모른다. 하지만 이러한 정보의 홍수와, 그 홍수 속에서 순간적인 집중력을 발휘하는 데 익숙해진, 요즘의 디지털 세대 시청자들은 다르다. 그것은 너무나 익숙한 풍경일 것이다. 오히려 그들은 지나치게 일목요연한 정보 중심의 1인 체제 토크 쇼를 보며, 그 단순함에 하품을 할지도 모른다.

과거 중앙 집중식 토크 쇼는 거의 사라졌다. 지금은 중앙 없이 각자의 주장들이 난무하는 집단 토크 쇼가 대부분이다. 집단 토크 쇼는 작금의 인터넷 환경을 닮아 있다. 〈라디오 스타〉에서 서로 자신이 메인 엠시라고 주장하는 것도 인터넷 공간의 대화 방식을 고스란히 옮겨 온 듯하다. 인터넷 대화 방식은 '중앙'이 없다. 대신 무수한 중앙들이 자기 주장을 하며 부딪치는 형태다. 이처럼 수직적인 대화 구조가 수평적으로 변화하면서, 어느 한 사람의 주도 하에 끌려가는 1인 엠시 체제의 토크 쇼는 점점 과거의 유물이 돼 가고 있다.

집단 토크 쇼, 달라지는 엠시들

이렇게 대화 방식이 달라지고 그 방식을 수용한 집단 토크 쇼들이 등장하자 엠시들도 달라졌다. 물론 집단 토크 쇼에서도 메인 엠시는 존재하지만 그 힘은 현저하게 약화되었다.

〈해피 투게더〉의 유재석은 메인 엠시임이 분명하지만, 프로그램을 진행할 때 혼자 전면으로 나서지 않는다. 적당한 선에서 그날 출연한 게스트들의 웃음 포인트를 콕콕 집어내는 것이 그의 역할이다. 이것은 유재석이 이 시대에 어떻게 예능 프로그램 엠시 0순위 자리에 올랐는가를 말해 주는 대목이다.

이 점은 최근 주목받는 엠시로서 강호동도 마찬가지다. 강호동의 스타일이 좀 강하게 느껴지기 때문에 유재석과는 다르다고 생각할지 모르지만, 사실 역할 면에서는 그렇지 않다. 강호동은 좀 공격적인 방법으로 게스트들의 웃음 포인트를 끄집어낼 뿐이다. 공격적인 질문만큼 답변에 대해서도 과장된 리액션을 취하는 것은, 씨름을 했던 선수라면 당연히 갖춘 '천부적인 균형 감각'을 토크 쇼에서도 발휘하고 있기 때문이다. 강호동의 장점은 공격적이고 아슬아슬한 토크에도 유연하게 대처한다는 점이다. 이것은 초창기 〈무릎팍 도사〉의 성공을 가능하게 한 원인이다.

집단 엠시 체제는 그 형태가 기본적으로 이야기 배틀의 구조이기 때문에 특유의 재능을 가진 엠시들이 주목받게 마련이다. 그 대표적인 엠시가 신정환이다. 신정환은 특유의 순발력과 재치로 텔레비전에 등장하자마자 토크 쇼의 강자로 떠오른 인물이다. 물론 탁재훈도 마찬가지다. 하지만 최근 탁재훈은 메인 엠시 이미지가 너무 강해지면서 오히려 초창기 이미지가 사라져 아쉽게 만들고 있다. 지금은 옆 자리에 앉아서 툭툭 던지는 촌철살인의 말들이, 오히려 중심에 서서 하는 말보다 더 주목받는 시대다.

옆 자리 토크에 적응해야 살아남는다

바로 이 '옆 자리 토크'가 우세한 시대가 낳은 스타가 김구라다. 그는 누군가 하는 말을 받아치는 방식을 통해 자신의 입지를 세울 수 있었다. 받아친다는 것은 어찌 보면 강렬한 인상을 주기 때문에 독한 이미지로 비춰질 수 있지만, 김구라는 그 부분을 특유의 솔직함으로 공감대를 형성해 극복했다. 실제로 그가 가끔씩 던지는 사회에 대한 쓴소리는 그것이 의미가 있든 없든 간에 보는 이의 마음을 시원하게 만들어 주는 구석이 있다.

오랫동안 메인 엠시로서 확고부동한 위치를 차지해 온 이경규는 이렇게 달라진 환경 속에 스스로를 맞추기 위해 노력하고 있는 것으로 보인다. 〈명랑 히어로〉에 나온 이경규가 박미선에게 "너랑 함께했어야 했다."고 말하는 데는 다 그럴 만한 이유가 있다.

박미선은 메인의 입장에 있다가, 한참 동안 공백을 갖고 변방으로 내려와 집단 토크 쇼에 참여했다. 그리고 나서 그녀가 제일 먼저 한 것은 〈해피 투게더〉에서 후배 박명수를 웃기기 위해 굴욕을 거듭하며 한없이 낮아지는 것이었다. 그런 과정을 통해 박미선은 편안한 아줌마 이미지로 집단 토크 쇼의 한자리를 차지하게 되었다. 이러한 변화는 다시 돌아온 김국진도 마찬가지다.

달라진 시대의 대화 방식을 차용한 집단 토크 쇼는 거기에 걸맞은 엠시들의 변화를 요구한다. 그 변화는 바로 수직적 체계에서 수평적 체계로의 이행이다. 라인 문화가 공공연히 프로그램 속에서 회자되던 적이 있었다. 그것이 실제로 수직적인 체계인지는 의문이지만 어쨌든 지금은 라인 문화보다는 팀 문화가 더 어울리는 시대다.

옆 자리에 앉아 편안하게 얘기할 수 있는 사람이어야 이 변화된 토크 쇼 환경 속에서 살아남을 수 있다.

예능MC에게 배우는 유쾌한 리더십
유재석처럼 말하고 강호동처럼 행동하라

초판 1쇄 2008년 7월 21일 발행
초판11쇄 2012년 3월 20일 발행

지 은 이 서병기
펴 낸 곳 도서출판 두리미디어
펴 낸 이 최용철

인 쇄 한국소문사   제 본 시아북바인딩

등록번호 제 10-1718호
등 록 일 1989년 2월 10일
주   소 서울시 마포구 서교동 369-25
전   화 02)338-7733(대표) ｜ 팩스 02)335-7849
홈페이지 www.durimedia.co.kr
전자우편 editor@durimedia.co.kr

ⓒ 서병기 2008, Printed in Korea
ISBN 978-89-7715-195-6 03320